PLOETZ Staatengeschichte

USA PLOETZ

PLOETZ

USA PLOETZ

Geschichte der Vereinigten Staaten
zum Nachschlagen

Von Günter Moltmann
unter Mitwirkung von Wolfgang Lindig

Verlag Ploetz Freiburg · Würzburg

Die Deutsche Bibliothek – CIP-Einheitsaufnahme

USA-Ploetz : Geschichte der Vereinigten Staaten zum Nachschlagen / von Günter Moltmann unter Mitw. von Wolfgang Lindig. – Nachdr. der 3. aktualisierten und überarb. Aufl. – Freiburg (Breisgau) ; Würzburg : Ploetz, 1996
(Ploetz Staatengeschichte)
ISBN 3-87640-450-9
NE: Moltmann, Günter; Lindig, Wolfgang

Nachdruck der 3., aktualisierten und überarbeiteten Auflage

Schutzumschlag: Neuffer Design, Freiburg
Foto: © Gerd Kittel, Bad Homburg
OCR, elektronische Bildbearbeitung u. Satz: R. Hartmann, Freiburg
Belichtung, Druck und Einband: Freiburger Graphische Betriebe 1996
ISBN 3-876**40-450**-9

Inhalt

Das Kapitel über Vorgeschichte und Indianerkulturen wurde von Wolfgang Lindig, Frankfurt am Main, verfaßt. Der übrige Text stammt von Günter Moltmann, Hamburg.

Verzeichnis der Karten

Verzeichnis der Graphiken und Tabellen

Einführung

Europäer, die auf viele Jahrhunderte politischer, gesellschaftlicher, wirtschaftlich-technischer und geistiger Traditionen ihrer jeweiligen Länder zurückblicken können, nehmen die relativ kurze Geschichte der Vereinigten Staaten nicht immer ganz ernst. Als Konquistadoren aus der Alten Welt zum ersten Mal den Boden der heutigen USA betraten – es war nicht lange, nachdem Kolumbus erstmals in Amerika gelandet war –, stand Europa am Vorabend der Reformation, jener großen Auseinandersetzung um über eintausend Jahre alte Lehren und Institutionen. Dann vergingen noch einmal rund einhundert Jahre, bis mit Jamestown in Virginia die erste dauerhafte englische Kolonie in Nordamerika errichtet werden konnte (1607). Rechnet man von heute aus zurück, dann sind wenig mehr als zwei Jahrhunderte vergangen, seit sich dreizehn britische Kolonien selbständig machten (1776) und damit die Voraussetzung zur Gründung der USA schufen.

Vor rund fünfundsiebzig Jahren schalteten sich diese Vereinigten Staaten zum ersten Mal wirksam in einen großen europäischen Krieg ein (1917), und gut ein halbes Jahrhundert ist vergangen, seit jener weltpolitische Prozeß einsetzte, der die USA zu einer Führungsmacht in der Welt emporhob, zu einem politischen, militärischen, wirtschaftlichen, technischen und auch kulturellen Orientierungszentrum vieler westlicher Nationen mit alter Tradition.

Vergegenwärtigt man sich diese Tatsachen, dann wird die rapide Entfaltung einer Gesellschaft von ihren Anfängen bis zur heutigen internationalen Führungsposition innerhalb einer welthistorisch sehr kurzen Zeitspanne evident. Seit der Gründung von Jamestown haben nur etwa dreizehn Generationen von Amerikanern gelebt. Diese haben aber ein Gebiet von den Ausmaßen des europäischen Kontinents erschlossen, d.h. erobert, urbar gemacht, besiedelt, verkehrsmäßig durchdrungen, wirtschaftlich und technisch entwickelt und politisch und sozial strukturiert. Während sich die Alte Welt mit einer über tausendjährigen Tradition herumplagte, auf die sie zwar mit Stolz, aber doch auch nicht ohne gelegentliche Müdigkeit zurückblickte, widmeten sich Amerikaner unbeschwert und mit großem Elan den Aufgaben, die die jeweilige Gegenwart und Zukunft ihnen herausfordernd stellten. Der historische Betrachter hat es also einerseits nur mit einem kurzen Kapitel der Weltgeschichte zu tun, andererseits aber mit einem, das voller Dynamik steckt und das es ihm ermöglicht, Wandlungsprozesse zu studieren, die anderswo in der Welt sehr viel langsamer vor sich gegangen sind. Er kann verfolgen, wie sich aus einer kolonialen Pioniergesellschaft eine mächtige Nation, aus einem Randstaat eine Großmacht, dann eine Weltmacht und schließlich eine Supermacht entwickelt hat. Das macht die Geschichte der Vereinigten Staaten spannend, aufschlußreich und bedeutsam.

Mit dem Fehlurteil der „Geringfügigkeit" nordamerikanischer Geschichte verbindet sich in Europa manchmal noch ein anderes: die Bevölkerung der Vereinigten Staaten sei historisch kaum als Nation zu bezeichnen. Amerikaner seien unterschiedlicher ethnischer Herkunft und besäßen keine geschlossene nationale Vergangenheit. Dem Lande fehle die geographische Einheit. Es gebe keine originale amerikanische Sprache, und die amerikanische Kultur sei ein Ableger der englischen; vor allem fehle jene weit zurückreichende Tradition, die ein Volk erst konstituiere. Die amerikanische Gesellschaft sei allein pragmatisch-zukunftsorientiert. Jacob Burckhardt schrieb in seinen „Weltgeschichtlichen Betrachtungen", Amerikaner seien „ungeschichtliche Bildungsmenschen", die „auf das Geschichtliche verzichteten", und der amerikanische Autoindustrielle Henry Ford schien dies nur zu bestätigen mit seinem oft zitierten Wort *„history is mainly bunk"*, „Geschichte ist weitgehend Humbug".

Auch hier liegen Mißverständnisse vor, und zwar Mißverständnisse, die sich, wie es bei vielen schnellfertigen Amerikaurteilen der Fall ist, hartnäckig am Leben erhalten und die gedankenlos nachgesprochen werden. Das nationale Selbstbewußtsein der Amerikaner, das sich im Unabhängigkeitskrieg und in der folgenden Unionsgründung herausgebildet, das auch Gefährdungen des 19. Jahrhunderts – im Krieg von 1812 gegen England und im Bürgerkrieg – überdauert hat, beruht nicht auf Vorstellungen von bevölkerungsmäßiger Homogenität und alter Kulturtradition. Es fußt vielmehr auf der gemeinsamen Pioniererfahrung von Einwanderern, auf gemeinschaftlichen politischen Leistungen im Emanzipations- und Staatsgründungsprozeß, auf einem trotz ständiger Mobilität nicht geminderten Zusammenhalt und auf der Integrationskraft einer Gesellschaft, die sich ständig durch Zuzug von außen erweiterte. Im Mittelpunkt des Nationalkultes stehen nicht Gründungsmythen aus früher Zeit, sagenumwobene Heldengestalten und eine alte Kultur, sondern drei rational formulierte Dokumente: Unabhängigkeitserklärung, Verfassung und *Bill of Rights*. Verehrung genießen auch die Verfasser dieser Dokumente, die *„Founding Fathers"*, historisch faßbare Gestalten, Menschen von Fleisch und Blut, deren Denken und Handeln, deren Stärken und Schwächen man kennt. Auf eine einfache Formel gebracht: die amerikanische Nation ist nicht das Ergebnis von mythischen Ursprüngen und Vorgegebenheiten, sondern das Ergebnis einer bewußten staats- und gesellschaftspolitischen Konstruktion. Überdies gibt es in den Vereinigten Staaten ein Geschichtsbewußtsein, das dem in Ländern der Alten Welt an Intensität nicht nachstehen dürfte. Jeder Amerikareisende kennt die zahlreichen *historical markers* an den Überlandstraßen, auf denen kurze Texte an vergangene Ereignisse erinnern. Er kennt die liebevolle Mühe, die bei der Erhaltung und Zurschaustellung historischer Stätten und Gebäude aufgewandt wird, und das rege Interesse, das viele Amerikaner an den historischen Museen ihres Landes bezeugen. Die Genealogie bildet einen beliebten Zeitvertreib. Die Zahl der lokalen, regionalen und nationalen historischen Vereine ist groß. Themen der nationalen Geschichte werden schnell zum Gegenstand von Gesprächen, dem Geschichtsunterricht an den Schulen wird in der Öffentlichkeit wieder verstärkte Aufmerksamkeit geschenkt, und die Geschichtswissenschaft ist seit langem damit beschäftigt, Fakten und Probleme der nationalen Vergangenheit bis ins kleinste Detail zu untersuchen und zu interpretieren. Bibliotheken und Archive leisten dabei einen vorbildlichen Service. Hier werden nicht Legenden gesponnen, sondern es wird sachlich geforscht, wie in den Historikerzünften anderer Nationen auch, vielleicht sogar gründlicher und emsiger noch als anderswo.

Epochen der amerikanischen Geschichte

Für eine zeitliche Gliederung der Geschichte der Vereinigten Staaten gibt es kein verbindliches Schema. Eine bis zum Zweiten Weltkrieg vorherrschende Einteilung in Kolonialgeschichte, USA bis zum Bürgerkrieg und USA seit dem Bürgerkrieg wurde mit fortschreitender Zeit und entsprechendem Anwachsen der dritten Periode unpraktisch. Eine stärkere Berücksichtigung der Sozial- und Wirtschaftsgeschichte, die sich weniger leicht als politische Geschichte in Epochen einteilen läßt, erschwerte ebenfalls ein Einvernehmen über die Periodisierung. Neuere Gesamtdarstellungen weisen deshalb oft keine größeren Abschnitte auf, vielmehr ist der Stoff in viele kleinere Kapitel unterteilt, die von Lesern, Schülern, Studenten und Lehrern flexibel „bewältigt" werden können. Die Kolonialzeit, die sich von der ersten englischen Koloniegründung in Virginia (1607) und der Landung der Pilgerväter in der Massachusetts Bay (1620) bis zur politischen Lösung der dreizehn Kolonien vom Mutterland (1776) erstreckte, brachte zunächst nur eine Randerschließung des nordamerikanischen Kontinents durch Europäer. Entwicklungen dieser Phase besitzen ihr eigenes Gewicht und verdienen in vielerlei Hinsicht, besonders studiert zu werden. Für die Historie der Vereinigten Staaten war diese Zeit eine Art „Frühgeschichte". Damals wurden erste Siedlungserfahrungen in ungebändigter Natur gemacht; es fanden die ersten Begegnungen und Auseinandersetzungen mit den Ureinwohnern des Landes, den nordamerikanischen Indianern, statt; politische Institutionen (Kolonialverwaltungen) wurden errichtet und Formen der Selbstverwaltung in von der europäischen Zentrale fernabgelegenen Gebieten erprobt; gesellschaftliche und wirtschaftliche Strukturen entstanden; es entfaltete sich ein religiöses Leben in vielfältiger Weise, vom theokratischen Experiment der Puritaner bis zum Experiment religiöser Toleranz in Pennsylvania.

Englische Unternehmer und Siedler waren jedoch nicht die einzigen Europäer, die ins Land kamen und sich dort festsetzten. Spanier hatten schon vor ihnen die südlichen Teile Nordamerikas betreten (im heutigen Florida, Neumexiko und Kalifornien etwa). Franzosen ließen sich um dieselbe Zeit, als Jamestown errichtet wurde, auf Neuschottland und am Sankt-Lorenz-Strom (Québec) nieder. Holländer folgten 1624 am Hudson River und Schweden 1638 am Delaware. Die Kolonialzeit war nicht nur durch Auseinandersetzungen zwischen Weißen und Indianern, sondern auch durch Konflikte zwischen Weißen und Weißen gekennzeichnet. Zahlreiche Kriege, meist im Gefolge europäischer Kriege ausgetragen, prägten die Epoche. Im Verlauf dieser Auseinandersetzungen gelang es den Engländern, ihre Rivalen auszuschalten: 1664 die Holländer in den Neu-Niederlanden (die ihrerseits 1655 schon Neu-Schweden in Besitz genommen hatten) und 1763 die Franzosen.

Politisch waren die nordamerikanischen Kolonien ein Erweiterungsraum Europas. Wirtschaftlich galt das gleiche. Im Merkantilsystem kam Kolonien die Rolle der Rohstofflieferanten zu, während die Verarbeitung der Produkte im Mutterland stattfinden sollte. Nichts kennzeichnet die enge Bindung zwischen England und seinen nordamerikanischen Besitzungen treffender als die englischen Navigationsgesetze des 17. Jahrhunderts, die den Handel zwischen Mutterland und Kolonie unter strikte Kontrolle brachten.

Die AMERIKANISCHE REVOLUTION zerschnitt diese Bande. Aus dreizehn Kolonien wurden dreizehn Staaten, die sich zunächst in einem lockeren Staatenbund (1781), wenige Jahre später in einem fester gefügten Bundesstaat (1789) zusammenschlossen. Ideell orientierte sich die Emanzipation an der europäischen Aufklärung. Den faktischen Bruch mit dem Mutterland führten siedlungspolitische, wirtschaftliche und staatsrechtliche Interessenkonflikte herbei.

Historiker haben gelegentlich die Frage aufgeworfen, wie revolutionär die Amerikanische Revolution eigentlich gewesen sei, ja ob es sich dabei überhaupt um eine Revolution gehandelt habe. Sozialgeschichtlich sei kein gravierender Bruch vollzogen worden, und das Prinzip der Selbstregierung sei in der Kolonialverwaltung vorgeformt gewesen. Die Beantwortung dieser Frage hängt vom Standpunkt des Urteilenden ab. Assoziiert er mit „Revolution" das Phänomen eines sich eruptiv vollziehenden sozialen Wandels, wird er den amerikanischen Vorgängen dieses Prädikat nicht einfach zuerkennen können. Wertet er radikale handelspolitische und konstitutionelle Veränderungen, errungen und abgesichert in einem sechsjährigen Kampf gegen das bisherige Mutterland, bei dem Fronten auch quer durch die Kolonialbevölkerung verliefen, nicht minder, dann wird er den amerikanischen Loslösungsprozeß als Revolution bezeichnen können. Zeitgenossen zweifelten jedenfalls kaum daran, daß sie Zeugen oder Akteure einer Revolution waren.

Mit der Ausarbeitung einer Verfassung (der ersten geschriebenen Verfassung eines modernen Staates), der Errichtung einer Republik (orientiert an den Prinzipien der Volkssouveränität und Gewaltenteilung) und der Schaffung eines ausbalancierten föderativen Staatengebildes war der Wandel vollzogen. Die Vereinigten Staaten hatten sich nach einer erfolgreichen Revolution als selbständige Macht der westlichen Welt etabliert. Die Prinzipien der Revolution und Staatsgründung dienten vielen späteren Emanzipationsbewegungen vergleichbarer Art als richtungweisende Lektion.

Für die neue Republik folgte eine PERIODE DER NATIONALEN ENTFALTUNG. Die ersten vier Jahrzehnte waren vornehmlich der inneren Konsolidierung, der territorialen Expansion und der Absicherung nach außen gewidmet. Politische Parteien, von George Washington noch als gefährliche Elemente der Entzweiung, von Thomas Jefferson dagegen als notwendige Erscheinungsformen der Demokratie angesehen, konstituierten sich und verfolgten bei divergierender politischer Ausrichtung doch das Ziel des gemeinsamen Wohls. Das Oberste Bundesgericht unter John Marshall (1801–1835) stärkte mit wichtigen Verfassungsentscheidungen die nationale Einheit. Der Kongreß beschloß den Ausbau eines Systems von Kanälen, Straßen und Häfen mit Bundesmitteln und stärkte dadurch den Zusammenhalt der Union. Protektionszölle sollten die Entwicklung der

heimischen Industrie vorantreiben, den Inlandsmarkt stärken und die wirtschaftliche Abhängigkeit der Vereinigten Staaten von Europa vermindern (Henry Clay: „American System", 1824). Hinzu kam die territoriale Expansion des Landes: Das Gebiet der Vereinigten Staaten verdoppelte sich durch den Kauf Louisianas (1803) und Floridas (1819). 1821 wurde Missouri als 24. Einzelstaat in die Union aufgenommen.
Es war kein Wunder, daß sich in dieser Zeit das Nationalgefühl kräftig entwickelte. Auch außenpolitische Vorgänge trugen dazu bei. Die Unabhängigkeit vom ehemaligen Mutterland konnte im Krieg von 1812 bekräftigt werden. Präsident Monroe betonte in seiner berühmten Jahresbotschaft an den Kongreß 1823 die grundsätzliche Verschiedenheit der Regierungssysteme Amerikas und Europas. Er distanzierte sich mit dieser als „Monroe-Doktrin" bekanntgewordenen Erklärung von den politischen Ordnungsprinzipien der Alten Welt, von der Heiligen Allianz und vom Metternichschen System. Kein geringes Selbstbewußtsein kam darin zum Ausdruck, und Österreichs Staatskanzler Metternich begriff, was hier vor sich ging: „Diese Vereinigten Staaten von Amerika, die wir entstehen und wachsen gesehen haben ..., sie haben Europa in Erstaunen versetzt durch einen neuen Akt der Revolte, provozierender, ebenso kühn und nicht weniger gefährlich als der frühere. Sie haben deutlich und klar ihre Absicht angekündigt, nicht nur Macht gegen Macht, sondern, genauer gesagt, Altar gegen Altar zu setzen."
In der folgenden Phase der „JACKSONIAN DEMOCRACY" UND EXPANSION (1829–1848) wuchs das Selbstbewußtsein der jungen Nation weiter. Als der österreichische Geschäftsträger in Washington 1850 gegen die Aktivitäten eines amerikanischen Sonderbeauftragten zugunsten der ungarischen Erhebung protestierte, hielt ihm Außenminister Daniel Webster forsch entgegen: „Zum gegenwärtigen Zeitpunkt ist die Macht dieser Republik über eine Region ausgebreitet, die zu den reichsten und fruchtbarsten des Erdballs gehört und die so ausgedehnt ist, daß die Besitzungen des Hauses Habsburg, verglichen mit ihr, lediglich einen Flecken auf der Erdoberfläche ausmachen."
Vorausgegangen waren die Annexion von Texas (1845), die Angliederung des Oregon-Territoriums (1846) sowie nach dem Krieg gegen Mexiko die Einverleibung Neumexikos und Kaliforniens (1848), also die Beseitigung hemmender Expansionsbarrieren, eine abermalige erhebliche Erweiterung des Staatsgebietes und, mehr noch, die Inbesitznahme der Pazifikküste in einer Länge von über 2000 Kilometern. Weite Landstriche forderten zur Erschließung und Besiedlung heraus, und die breite Öffnung zum Pazifi-

schen Ozean lenkte die kommerziellen und außenpolitischen Interessen der Vereinigten Staaten von Amerika nun auch stärker in Richtung nach Westen.
Einwanderer aus Europa kamen in wachsender Zahl und nahmen teil am großen Experiment gesellschaftlicher Expansion. Im Zeitalter des Präsidenten Andrew Jackson hatte die Demokratisierung – besonders im Wahlrecht – Fortschritte gemacht. Soziale Reformen und Experimente fanden viel Aufmerksamkeit, Forderungen der Frauen nach Gleichberechtigung wurden erstmals öffentlich kundgetan. Nach einem höheren Plan, *„Manifest Destiny"*, schien sich die liberale Gesellschaftsordnung unaufhaltsam weiter zu entfalten und zu verbreiten. Ausgeschlossen davon aber waren Indianer, die zunehmend in unwegsame Landesteile verdrängt wurden, und Schwarze.
Die anachronistische Institution der Sklaverei war Kernpunkt des in den folgenden Jahrzehnten ausgefochtenen NORD-SÜD-GEGENSATZES, der seinen Höhepunkt im BÜRGERKRIG (1861–1865) und seinen Ausklang im WIEDERAUFBAU DES SÜDENS fand. In den Nordstaaten wurde seit der Jahrhundertmitte nachdrücklicher auf den Widerspruch zwischen der Sklaverei und dem Gleichheitspostulat der amerikanischen Gesellschaftstheorie hingewiesen, schärfer gegen das System der Sklaverei protestiert und der Sklavenbefreiung systematische Unterstützung gewährt. Wortführer des Südens, wo Monokultur und Plantagenwirtschaft auf der Arbeitskraft der Sklaven beruhten, pochten auf das Recht der Einzelstaaten, interne Verhältnisse selbst zu bestimmen (u.a. John C. Calhoun). Mit der Sklavenfrage verbanden sich wirtschaftliche Gegensätze und staatsrechtliche Meinungsverschiedenheiten. Der Konflikt brach offen aus beim Streit um die Ausbreitung der Sklaverei in westliche Gebiete. Kompromisse – vorweggenommene Nord-Süd-Abgrenzung auch im Westen (1820), Recht auf eigene Entscheidung neuer Staaten (1850/1854) – hatten nur aufschiebende Wirkung und verhinderten nicht schwere Zusammenstöße (Kansas 1856). Der führende Politiker der neuen, gegen die Ausbreitung der Sklaverei gerichteten Republikanischen Partei, Abraham Lincoln, charakterisierte die Situation 1858 unter Rückgriff auf das Bibelwort Matth. 12,25: „‚Kein Haus, das mit sich selbst entzweit ist, kann bestehen bleiben.' Ich glaube, dieses Regierungssystem kann nicht auf Dauer halb sklavenhaltend und halb frei sein. Ich erwarte nicht, daß die Union aufgelöst wird; ich erwarte auch nicht, daß das Haus zerfällt; aber ich erwarte, daß es aufhören wird, geteilt zu sein. Es wird entweder ganz das eine oder ganz das andere werden."

Der Bruderkrieg, vom Süden um Selbstbestimmung in der Sklavenfrage und Erhalt des Wirtschafts- und Gesellschaftssystems, vom Norden vor allem um den Erhalt der Union, dann auch um die Sklavenemanzipation geführt, wurde erbittert ausgefochten. Eine scheinbar stets aufwärts weisende Entwicklung der Nation war radikal unterbrochen. Der Stil der Auseinandersetzung, wie er sich schließlich herausbildete, wies in mancher Beziehung schon Züge des „totalen Krieges“ im 20. Jahrhundert auf: ein fanatischer Kampf um Gesinnungen und Lebensformen, ein Krieg des anonymen Vernichtens und Tötens mit neuartigen Waffen (z.B. Repetiergewehr, Landminen, Torpedos, Panzerschiffe), eine rücksichtslose Einbeziehung der Zivilbevölkerung, ein Wirtschaftskrieg nach dem Prinzip der „Verbrannten Erde”, ein Verbreiten von Angst zur Demoralisierung des Gegners, Exzesse der Brutalität in der Gefangenenbehandlung.
Nach dem Sieg der Union, der endgültigen Aufhebung der Sklaverei durch den 13. Verfassungszusatz und der Ausweitung der Bürgerrechte auf schwarze Amerikaner im 14. und 15. Verfassungszusatz ergab sich das Problem der Besiegtenbehandlung: großzügigen Versöhnungskonzepten (wie sie auch Lincoln vor seinem Tode vertreten hatte) standen Pläne zur radikalen Umorientierung des Südens gegenüber. Letztere bestimmten etliche Jahre die Wiederaufbaupolitik, wichen aber dann einer nachgiebigeren Einstellung des Kongresses. Die Einheit war wiederhergestellt, die weißen Südstaatler arrangierten sich mit der neuen Situation. Die frei gewordenen Schwarzen blieben jedoch diskriminiert und mußten ungeachtet ihrer formalen Gleichstellung noch ein Jahrhundert lang auf die volle Durchsetzung ihrer Bürgerrechte warten.
Im letzten Drittel des 19. Jahrhunderts erlebten die Amerikaner eine Phase rapider industrieller Expansion und wirtschaftlicher Konzentration, die mit entsprechenden SOZIALEN KRISENERSCHEINUNGEN verbunden waren. Der niederländische Historiker Johan Huizinga hat einmal von einer „Formveränderung der amerikanischen Geschichte“ gesprochen: Nach dem Bürgerkrieg „verliert die Geschichte der Vereinigten Staaten nicht nur die dramatische Bewegtheit, die noch dem Bürgerkrieg eigen war, sondern auch ihre greifbare, deutliche Form. Sie wird für den gewöhnlichen Leser unübersichtlich, wirr und ermüdend. Sie verliert ihren bildhaften Charakter, ist nicht mehr zu malen und prägt sich dem Gedächtnis nicht ein“ (1941). Tatsächlich läßt sich der Gang der Entwicklung jetzt nicht mehr so leicht wie früher als Personen- und Ereignisgeschichte begreifen, kollektive Prozesse und strukturelle Veränderungen in Wirtschaft und Gesellschaft prägten das Bild der Epoche. Diese zu analysieren dürfte für den

wirtschafts- und sozialgeschichtlich aufgeschlossenen Betrachter allerdings kaum weniger interessant sein als das Rekonstruieren politischer Vorgänge in weiter zurückliegender Zeit.

Nach der Wiederherstellung der nationalen Einheit lag die intensive Erschließung der wirtschaftlichen Ressourcen des Landes nahe, zumal technische Innovationen dazu günstige Voraussetzungen boten und neue Einwandererströme das Arbeitskräfteproblem lösen halfen. Die große Expansion der Wirtschaft war begleitet von lebhaften Konjunkturschwankungen und von der langfristigen Depression der Jahre 1873 bis 1896. Soziale Probleme äußerten sich unter anderem in der Bildung von Arbeiterorganisationen und Gewerkschaften, in schweren Arbeitskämpfen, in Protestbewegungen der Farmer des Südens und Westens gegen die Übermacht der Geschäftswelt und der Industriemagnaten des Ostens (Granger Movement, Populist Party) sowie in zögernden Versuchen, der Bildung großer Wirtschaftsimperien Schranken entgegenzusetzen. Anders als in Europa kam es jedoch nicht zur Bildung einer geschlossenen politischen Arbeiterbewegung mit dem Ziel radikaler gesellschaftlicher Veränderungen. Die ersten wichtigen Sozialreformen setzten auf einzelstaatlicher Ebene nach der Jahrhundertwende ein (Progressive Bewegung).

In der Zeit des IMPERIALISMUS traten die Vereinigten Staaten als Weltmacht auf und griffen weit über ihre kontinentalen Grenzen hinaus. Ein Interesse an Pazifikpositionen hatte sich gelegentlich schon um die Jahrhundertmitte, vor allem auch seit dem Kauf Alaskas von Rußland (1867), gezeigt. Der Spanisch-Amerikanische Krieg von 1898, an sich um Kuba ausgefochten, führte zur Übernahme der Philippinen sowie zur Sicherung von Außenpositionen in der Karibischen See. Die Hawaii-Inseln wurden im gleichen Jahr annektiert. Es folgte eine hemdsärmelige Interventionspolitik im karibischen Vorfeld. Historiker haben darüber gestritten, ob diese imperialen und kolonialen Ausgriffe als Irrwege amerikanischer Politik oder als konsequent in der langfristigen amerikanischen Entwicklung angelegte Expansionsschritte anzusehen sind. Das Interesse an überseeischen Absatzmärkten war besonders groß in einer Zeit der dynamischen Wirtschaftsentfaltung und der ihrem Ende zugehenden Erschließung des eigenen Staatsgebietes. Das Weltmachtstreben wurde jedoch auch von nationalistischen Leidenschaften und von maritimen Ambitionen getragen, die charakteristisch für die Zeit um die Wende vom 19. zum 20. Jahrhundert waren und eher sozialpsychologisch als ökonomisch zu erklären sind.

Im amerikanischen Imperialismus vor dem Ersten Weltkrieg (Expeditionsheer in Frankreich) verbanden sich langfristige Tendenzen mit zeitbedingten Impulsen. Der Gedanke an eine ungehemmte Ausweitung des Marktes war ebenso alt wie die Idee von der höheren Bestimmung Amerikas, sein eigenes politisches und gesellschaftliches System auszudehnen und anderen zugute kommen zu lassen. Die von der politischen Emanzipation im 18. Jahrhundert herrührende antikoloniale Tradition der Vereinigten Staaten aber konnte nur in der überhitzten Atmosphäre nationalistischen Überschwangs um die Wende zum 20. Jahrhundert durchbrochen werden. Manche Zeitgenossen beklagten dies bitter.

Auch die amerikanische Beteiligung am ERSTEN WELTKRIEG und an der PARISER FRIEDENSKONFERENZ trug neuartige Akzente. Die Intervention im ersten großen Weltkonflikt des 20. Jahrhunderts war durch Provokationen der Mittelmächte und nationale Interessen der Vereinigten Staaten mitbestimmt. Stärker geprägt war das amerikanische Eingreifen jedoch von dem Bestreben einer großen Macht, ihr Gewicht für die Errichtung einer liberalen Weltordnung in die Waagschale zu werfen, beruhend auf dem Selbstbestimmungsrecht der Völker, einem offenen Weltmarkt, internationaler Schiedsgerichtsbarkeit und kollektiver Friedenssicherung (Völkerbund). Es ging also nicht um eine Einmischung in europäische Mächterivalitäten an sich, auch nicht etwa um eigene territoriale Expansionsabsichten. Im Verfolg säkularer Tendenzen unternahm Präsident Woodrow Wilson Schritte eines interkontinentalen Engagements, wie es sie zuvor nicht gegeben hatte. Jedoch versagte sich ihm nach dem Kriege der Kongreß. Vor die Wahl gestellt, das eigene Land aus zukünftigen Weltkonflikten durch eine Politik der Isolation herauszuhalten oder Weltkonflikte durch aktive Mitwirkung zu verhindern beziehungsweise zu entschärfen, entschied sich die Mehrheit der Senatoren für den ersten Weg.

Die Zwischenkriegszeit war demgemäß durch eine amerikanische Zurückhaltung in weltpolitischen Fragen, in den Vorkriegskrisen der 1930er Jahre sogar durch eine prononcierte Neutralitätspolitik gekennzeichnet. Dem widersprach nicht ein wachsendes Interesse an der Stabilisierung Europas, am Welthandel und eine Verurteilung entgegenstehender Praktiken von seiten dynamischer Störungsmächte.

Die ÄRA FRANKLIN D. ROOSEVELTS, des einzigen Präsidenten, der mehr als zwei Amtsperioden an der Spitze des Staates stand (1933–1945), begann in einer Zeit höchster wirtschaftlicher und sozialer Not und endete mit dem Sieg der Alliierten Koalition im zweiten großen Weltkonflikt des 20. Jahrhunderts. Amerika war 1929 Ausgangspunkt der großen Wirtschaftskrise und von dieser besonders hart betroffen. Damals erlebte das Land den zweiten Tiefpunkt seiner nationalen Entwicklung, wiederum ein Vorgang von traumatischer Bedeutung. Die Welt des wirtschaftlichen *Laissez-faire* und des *Rugged Individualism*, des „robusten Individualismus", von Präsident Herbert Hoover gerade erst hoch gepriesen, brach mit dem „Schwarzen Dienstag" an der New Yorker Börse sozusagen über Nacht zusammen. Dem Verfall der Wirtschaft folgte die Massenarbeitslosigkeit auf dem Fuße. Roosevelt bemühte sich mit dem *New Deal*, einer Politik dramatischer Wirtschaftsregulierungen und Sozialreformen – tiefgreifender als die der Progressiven Bewegung –, der Demoralisierung der Bevölkerung entgegenzuwirken und die Verhältnisse im Lande zu stabilisieren. Dies gelang partiell. Gewisse Krisenerscheinungen verschwanden erst mit der Heraufkunft der großen äußeren Krise, des Zweiten Weltkrieges, der die Vereinigten Staaten wiederum in die Weltpolitik hineinriß.

Das Konzept der Isolation hatte versagt. Entschlossener noch als im Ersten Weltkrieg, freilich auch wirksamer herausgefordert (Pearl Harbor, 1941), mobilisierte das Land sein wirtschaftliches und militärisches Potential, verband sich mit Großbritannien und der Sowjetunion, unterstützte beide materiell, nahm den Kampf gegen Japan und die Achsenmächte auf und hatte bald die militärische Führungsposition des Westens inne. Neue Waffen mit großer Zerstörungskraft kamen zum Einsatz, gipfelnd in den Atombomben, die 1945 auf die japanischen Städte Hiroshima und Nagasaki abgeworfen wurden.

Kriegsziele wurden ähnlich wie im Ersten Weltkrieg von Amerika formuliert, diesmal aber im Verein mit den Bündnispartnern: Atlantik-Charta (1941), Erklärung der Vereinten Nationen (1942), Forderung nach bedingungsloser Kapitulation der Feindmächte (1943), Moskauer Erklärung über die allgemeine Sicherheit (1943), Konferenzbeschlüsse von Teheran (1943), Dumbarton Oaks (1944), Jalta, San Francisco und Potsdam (1945). Wieder sollte eine liberale Weltordnung errichtet werden, diesmal durch eine besondere Besiegtenbehandlung (Beseitigung des Angriffspotentials und Umerziehung), durch die Befreiung unterworfener Völker und durch eine im Vergleich zum Völkerbund wirksamere internationale Friedensorganisation in Gestalt der Vereinten Nationen. Mit den sukzessiven Kapitulationen Italiens, Deutschlands und Japans schien der Weg frei zur Verwirklichung dieser Ziele. Noch herrschte die Meinung vor, daß die Alliierte Koalition nach dem militärischen Sieg auch den allumfassenden Weltfrieden herbeiführen könne.

Kaum war jedoch der Zweite Weltkrieg zu Ende, begann mit dem KALTEN KRIEG ein neuer weltweiter Konflikt, allerdings von anderer Art und mit anderem Frontverlauf. Die Alliierte Koalition, zustandegekommen mit

dem Ziel der Abwehr und Niederringung Hitler-Deutschlands und seiner Verbündeten, zerfiel nach ihrem gemeinsamen Sieg. Alte Gegensätze zwischen liberaler westlicher Demokratie und kommunistischem System brachen hervor, als auf den Trümmern des Krieges die Welt des Friedens aufgebaut werden sollte. Divergierende Ordnungsvorstellungen spiegelten sich etwa in der Besiegtenbehandlung oder im Wiederaufbau der von Deutschland unterworfenen, jetzt befreiten Staaten wider. Ein „Eiserner Vorhang" trennte bald den Westen vom Osten, zerteilte das vom Kriege stark geschwächte Europa und grenzte zwei sich feindlich gegenüberstehende Weltblöcke voneinander ab.
In Amerika war während des Zweiten Weltkrieges die Hoffnung auf die „Eine Welt" der Zukunft besonders groß gewesen. Entsprechend nachhaltig machte sich die Enttäuschung über den tatsächlichen Verlauf der Dinge bemerkbar. Eine realistische Einschätzung der neuen Situation weckte jedoch bald den Willen, den Bereich der westlichen Welt zu sichern und dem Sowjetsystem Schranken entgegenzusetzen. Die Vereinigten Staaten fielen nicht, wie nach dem Ersten Weltkrieg, in eine Politik der Isolation zurück, sondern übernahmen die Führungsrolle im westlichen Lager.
Für die Strategie und das Krisenmanagement des Westens im Konflikt mit dem Osten war Washington in erster Linie zuständig. Hier wurde das Konzept der Eindämmung entwickelt, das in der Truman-Doktrin seine politisch-militärische und im Marshall-Plan seine wirtschaftspolitische Ausformung fand (1947). Die Luftbrücke, eine amerikanische Idee, ermöglichte die Verteidigung West-Berlins im ersten gefährlichen Zusammenstoß zwischen Ost und West (1948/49). In Korea, wo der Kalte Krieg vorübergehend in einen „heißen" umschlug, konnten amerikanische Militärverbände im Verein mit Kontingenten anderer UN-Mitgliedstaaten den Status quo ante wiederherstellen. Das führende Engagement der Vereinigten Staaten in der westlichen Welt kam nicht zuletzt in der Bildung von antikommunistischen Paktsystemen und im atomaren Wettrüsten zum Ausdruck.
Der äußere Konflikt hatte Rückwirkungen auf die innenpolitische Szene Amerikas, wo die Kommunistenjagd des Senators Joseph R. McCarthy hysterische Formen annahm, bis seine Macht vom Senat gebrochen wurde (1954). Gegen Ende der 1950er Jahre hatte sich die weltweite Konfrontation so verfestigt, daß „Koexistenz"-Bereitschaft aufkam. Nach einer erneuten gefährlichen Zuspitzung des Konflikts in der Kubanischen Raketenkrise (1962) setzte eine Phase relativer Entspannung ein.
Den Vereinigten Staaten brachte diese Entwicklung allerdings keine Ruhe. DIE 1960ER UND FRÜHEN 1970ER JAHRE waren mit Krisenerscheinungen

verbunden, die an frühere Tiefpunkte der nationalen Geschichte erinnerten. Die zunehmende Verstrickung in den Vietnamkrieg, die Aussichtslosigkeit, das südostasiatische Land für die westliche Welt zu sichern, die hohen Verluste und der am Ende unvermeidbare Rückzug trafen eine Nation schwer, die sich bis dahin als erfolgreiche Führungsmacht der freien Welt verstanden hatte. Die harten inneren Auseinandersetzungen um gleiche Bürgerrechte für schwarze Amerikaner und andere diskriminierte Gruppen der Gesellschaft beunruhigten eine Nation, die seit dem Zweiten Weltkrieg in wirtschaftlicher und technologischer Hinsicht große Fortschritte vollbracht und den Lebensstandard ihrer Durchschnittsbürger erheblich verbessert hatte. Eine an sich berechtigte Genugtuung über die umfassende Bürgerrechtsgesetzgebung von 1964/65 wollte angesichts der Aufstände in den schwarzen Ghettos und anderer Erscheinungen des zivilen Ungehorsams in den späten 1960er Jahren nicht recht aufkommen. Schließlich trat die Krise im Regierungssystem hinzu, welche ein Präsident heraufbeschwor, dem es an persönlicher Integrität und politischer Korrektheit mangelte (Watergate-Affäre, Impeachment-Verfahren und Rücktritt Richard M. Nixons 1974).

In den SPÄTEN 1970ER und in den 1980ER JAHREN bemühten sich die Nachfolger Nixons im Präsidentenamt – der Republikaner Gerald R. Ford (1974–1977), der Demokrat Jimmy Carter (1977–1981) und der konservative Republikaner Ronald W. Reagan (1981–1989) – um die Wiederherstellung des Ansehens der Exekutive, um die Bekämpfung der wirtschaftlichen Rezession im Lande und der von ihr ausgehenden Folgen (Inflation, Arbeitslosigkeit, wachsende Staatsverschuldung) und um die Festigung der Position Amerikas in der Welt. Sie taten dies mit wechselndem Glück. Außenpolitische Erfolge waren etwa die Aufnahme diplomatischer Beziehungen zur Volksrepublik China 1979 (von Nixon bereits eingeleitet) sowie der amerikanisch vermittelte Friedensvertrag zwischen Ägypten und Israel vom selben Jahr. Rückschläge erlitten die Vereinigten Staaten im Iran (Geisel-Affäre 1979–1981) und im Libanon (Abzug des amerikanischen Kontingents der Friedenstruppe 1984), während die Sowjetunion Außenpositionen zunächst verstärken konnte (unter anderem in Afghanistan und Polen).

War die Administration Carter – besonders im Rückblick auf das unglückliche Vietnam-Engagement – auf weltpolitische Zurückhaltung bedacht, so verfolgte Präsident Reagan wieder eine Politik der Stärke. Das Verhältnis zur Sowjetunion war durch eine härtere Standpunktbehauptung charakterisiert – deutlich ablesbar an den Genfer Verhandlungen über den Abbau der Mittelstreckenraketen, die die Sowjetunion abbrach, und der anschließenden Stationierung von Pershing II-Raketen in der Bundesrepublik 1983. Die amerikanische Politik im mittelamerikanischen Vorfeld verlief ähnlich. Die Vereinigten Staaten bemühten sich, die Ausbreitung linksrevolutionärer Herrschaftssysteme durch direkte oder indirekte Interventionen einzudämmen (El Salvador, Nicaragua, Grenada). Dabei brachte die Iran-Contra-Affäre (1986) die Exekutive allerdings wiederum ins Zwielicht.

Innenpolitisch setzte mit Präsident Reagan ein konservativer Kurs ein, der die Wirtschaft belebte und die Arbeitslosenrate senkte, die Sozialleistungen des Staates dabei aber hintansetzte. Er wurde zunächst von einer breiten Mehrheit der Bevölkerung mitgetragen (Wiederwahl 1985), konnte aber die wirtschaftliche Gesamtentwicklung des Landes nicht auf Dauer verbessern: die Staatsschulden wuchsen weiter an, die Kluft zwischen Arm und Reich vergrößerte sich, soziale Probleme machten sich schärfer bemerkbar. Doch erhielt auch Reagans Nachfolger im Amt, der Republikaner George Bush, bei der Wahl von 1988 noch eine deutliche Mehrheit.

Inzwischen hatten sich die Rahmenbedingungen amerikanischer Politik durch Vorgänge in der Sowjetunion und deren Folgewirkungen im gesamten Ostblock grundlegend geändert. Aus der Reformpolitik des sowjetischen Parteichefs Michail Gorbatschow, seinen Ausgleichsbemühungen gegenüber dem Westen und den Auflösungserscheinungen in der kommunistischen Welt, nicht zuletzt auch aus der Vereinigung der beiden deutschen Teilstaaten 1990 resultierte das ENDE DES KALTEN KRIEGES, das als Sieg des Westens nach fünfundvierzigjährigem Ringen aufgefaßt werden konnte. Die weltpolitische Rolle der Vereinigten Staaten, die jahrzehntelang auf die tiefgreifende Konfrontation der gegnerischen Machtblöcke ausgerichtet war, mußte neu definiert und abgesteckt werden.

Hoffnungen auf ein Ende größerer internationaler Konflikte und auf eine harmonische Entwicklung der weltweiten Staatengemeinschaft erfüllten sich jedoch nur partiell, gefährliche Unruheherde bestanden weiterhin, neue Probleme tauchten auf. In Krisensituationen von überregionaler Bedeutung beanspruchten die Vereinigten Staaten weiterhin eine führende Position, jetzt nicht nur gestützt durch westliche Länder, sondern auch durch das neue Rußland. So verwiesen sie im Golfkrieg von 1991 den expansiven Irak in der wegen immenser Erdölvorkommen besonders wichtigen Nahost-Region in seine Schranken.

Indessen hatte sich die wirtschaftliche Position der Vereinigten Staaten in der Welt verschlechtert. Vor allem Japan, aber auch die Bundesrepublik

Deutschland und das sich stärker zusammenschließende Westeuropa waren zu Konkurrenten auf dem Weltmarkt herangewachsen. Das Außenhandelsdefizit stieg. Im Innern setzte gegen Ende der 1980er Jahre eine Rezession ein. Für bedrängende Probleme wie die Umweltverschmutzung, das Anwachsen der Unterkunftslosigkeit vieler Menschen, den nicht einzudämmenden Drogenmißbrauch und die hohe Kriminalitätsrate schien es keine Abhilfen zu geben. So endete die konservative Ära Reagan-Busch mit dem Wahlsieg des Demokraten BILL CLINTON (1992), der innenpolitisch neue Akzente zu setzen versprach.

Grundzüge der Geschichte der Vereinigten Staaten

Bei einer knappen Skizze der einzelnen Perioden bleibt Übergreifendes weitgehend ungesagt oder kann nur kurz erwähnt werden. Andererseits liegt es bei der relativ guten Überschaubarkeit der amerikanischen Vergangenheit nahe, charakteristische Züge herauszuheben und gesondert zu erörtern. Vorausgesetzt, dies geschieht ohne leichtfertige Vereinfachung, kann damit das Verständnis des nationalen und staatlichen Entfaltungsprozesses vertieft werden.

In der amerikanischen Geschichte hat die EINWANDERUNG eine besondere Rolle gespielt. Die Bevölkerung der Vereinigten Staaten rekrutiert sich, abgesehen von den Indianern, aus Zugewanderten (freiwilligen und unfreiwilligen) und deren Nachkommen. *„A Nation of Nations"* lautete der Titel eines populären Buches von Louis Adamic (1944), in dem die Vorstellung vom angelsächsischen Amerika korrigiert wurde. Die Formel wurde zum beliebten Schlagwort während der Zweihundertjahrfeier der amerikanischen Revolution (1976). Die Spuren der multinationalen Zusammensetzung der Gesellschaft sind vielfach festzustellen, etwa in sprachlichen Relikten, Sitten und Gebräuchen, kulturellen Denkmälern, Familientraditionen, Festen und Feiern. Die *„Harvard Encyclopedia of American Ethnic Groups"* (hg. von Stephan Thernstrom, 1980) enthält 106 Artikel über spezielle ethnische Gruppen. Allerdings variieren diese Gruppen in ihrem Umfang stark, überschneiden sich und können infolge demographischer Verflechtung und Akkulturation nicht mehr scharf voneinander abgegrenzt werden.

Erhebungen, die in den Vereinigten Staaten seit 1969 amtlich angestellt wurden, um die ethnische Herkunft der Einwohner festzustellen, sind deshalb wenig brauchbar. Wenn zum Beispiel 1980 49,6 Mio. Amerikaner

(21,9 Prozent der Gesamtbevölkerung) angaben, daß sie englische Vorfahren hätten, 49,2 Mio. (21,7 Prozent) deutsche, 40,2 Mio. (17,7 Prozent) irische usw., dann ist über den Anteil dieser Vorfahren an der jeweiligen Gesamtvorfahrenzahl nichts ausgesagt. Mehrfachnennungen, die möglich waren, relativieren überdies die Prozentsätze. Addiert man Jahreszahlen der Statistik von 1820 bis 1990, dann kamen von insgesamt 58,8 Mio. Einwanderern 37,2 Mio. (63,3 Prozent) aus Europa, unter diesen 7,1 Mio. (12,1 Prozent) aus Deutschland, 5,4 Mio. (9,2 Prozent) aus Italien, 5,1 Mio. (8,7 Prozent) aus Großbritannien, 4,7 Mio. (8,0 Prozent) aus Irland, 3,5 Mio. (5,9 Prozent) aus Rußland, 6,4 Mio. (10,8 Prozent) aus Asien und 14,4 Mio. (24,4 Prozent) aus den anderen Ländern Amerikas. Die in Deutschland gelegentlich zu hörende Geschichte, daß es bei einer Kongreßentscheidung fast einmal zur Einführung der deutschen anstelle der englischen Amtssprache gekommen wäre, ist unzutreffend.
In der Kolonialzeit wanderten außer Engländern vor allem Schotten aus Nordirland (sog. „*Scotch-Irish*”) und Deutsche ein. In der zweiten Einwanderungsperiode (Zeit der sog. „Alten Einwanderung”, 1776 bis 1890) überwogen Nordwest-, Nord- und Mitteleuropäer, in der dritten (Zeit der sog. „Neuen Einwanderung”, 1890–1914) Ost- und Südeuropäer. Seit den 1920er Jahren ist die Einwanderung durch Zulassungsquoten geregelt. Lange Zeit gab es dabei sogar unterschiedliche nationale Quoten; man wollte die Bevölkerungszusammensetzung nach eigenen Wünschen steuern. Erst 1965 entfiel eine solche Diskriminierung. Auch nach dem Zweiten Weltkrieg lag der Anteil der Europäer an der Gesamteinwanderung deutlich über 50 Prozent. Andere Gruppen traten jedoch bald stark hervor, vor allem Mexikaner, die, zum Teil illegal, über die Grenze gingen, um in den Vereinigten Staaten Arbeit zu finden. Seit dem Gesetz von 1965 wanderten zunehmend Asiaten ein – 1960–1984 30 Prozent der Gesamteinwanderung –, vor allem Filipinos, Koreaner, Chinesen und Inder. Aufgrund besonderer Regelungen zur Flüchtlingsaufnahme konnten Hunderttausende von Cubanern und Vietnamesen ins Land kommen.
Amerika bot sich Einwanderern aus aller Welt als „Asyl“ an, wo es mehr Freiheit und bessere Existenzbedingungen als in den Ausgangsländern gab. In Zeiten sehr großen Zustroms zeigten sich jedoch auch nativistische Abwehrreaktionen. Die Vorstellung, daß alle Zuzügler wie in einem „Schmelztiegel“ schnell Amerikaner werden könnten, traf kaum zu, aber die Absorptionskraft der amerikanischen Gesellschaft war und ist groß. Amerikaner verstanden sich nie als Konglomerat diverser ethnischer Gruppen, sondern doch stets als eine Nation.

Von diesem Konzept ausgeschlossen blieben allerdings lange Zeit zwei große Gruppen, INDIANER und SCHWARZE. Sie sind bis heute nicht voll integriert. Die Ureinwohner Nordamerikas wurden von den Europäern verdrängt, dezimiert und in Reservate abgeschoben. Seit der Mitte des 19. Jahrhunderts erhielten sie zwar sukzessiv Bürgerrechte (abschließend 1924), aber den Status der Abhängigkeit und Ungleichheit haben sie bis heute nur partiell überwinden können. Die Suche nach einer neuen Identität gestaltet sich auch schwierig angesichts der großen Mannigfaltigkeit indianischer Bevölkerungsgruppen. Die Zahl der Ureinwohner, die zur Zeit der ersten Kontakte mit Weißen in den Grenzen der heutigen USA lebten, ist nicht mehr festzustellen. Schätzungen reichen von 800 000 bis 18 Millionen. Im Jahre 1900 wurden nur 237 196 Indianer gezählt. Seit 1917 übersteigen die Geburten die Sterberate wieder, und heute leben in den Vereinigten Staaten etwa 2 Millionen Indianer. Ihr Anteil an der Gesamtbevölkerung beträgt 0,8 Prozent.

Die Geschichte der Besiedlung des nordamerikanischen Kontinents ist auch die Geschichte der Auseinandersetzung zwischen Weißen und Indianern. Zwei Gesellschaftsordnungen stießen hier aufeinander mit unterschiedlichen Existenzweisen, Weltbildern, Rechtsauffassungen und Eigentumsvorstellungen, wobei die Ureinwohner angesichts des wachsenden Zustroms von Einwanderern hoffnungslos unterlegen waren. Die Beziehungen zwischen Weißen und Roten gestalteten sich zwar nicht durchweg feindlich. Es gab Zusammenarbeit, Handelsaustausch, Friedensverträge und menschliche Beziehungen. Aber die Landansprüche der Europäer führten immer wieder zu Zusammenstößen. Die Dezimierung der indianischen Bevölkerung dürfte großenteils auf die Übertragung von Krankheiten zurückzuführen sein, gegen die sie nicht genügend Abwehrkräfte hatte. Darüber hinaus fügten ihr Kriege, Vertreibungen, Entzug der Lebensgrundlage und Demoralisierung schweren Schaden zu. Unter der Überschrift „Ein Jahrhundert der Schande" kritisierte die amerikanische Schriftstellerin Helen Hunt Jackson schon im Jahre 1881 scharf das Verhalten ihrer Landsleute gegenüber den Indianern. Vernünftige Wege der Koexistenz waren schwer zu finden. Letzten Endes überlebten aber die Indianer als Bevölkerungsgruppe ihre Niederlage. Im Zuge der Bürgerrechtsbewegung in den 60er Jahren des 20. Jahrhunderts machte sich unter ihnen ein neuer, starker Selbstbehauptungswille geltend. So konnten zum Beispiel alte, längst nicht mehr eingehaltene Rechtsansprüche vor Gerichten durchgesetzt werden. Auch ein kulturelles Wiedererwachen ist festzustellen.

Ähnlich langwierig und bedrückend zieht sich durch die Geschichte der Vereinigten Staaten die Problematik der SKLAVEREI und der BÜRGERRECHTE DER SCHWARZEN AMERIKANER. Ausgangspunkt, soziale Konstellation, Konfliktverlauf und Überwindungsprozeß sahen allerdings anders aus. Der Sklavenhandel von Afrika nach Amerika war jahrhundertelang von weißen Händlern verschiedener Nationen mit großem Profit, aber unter unmenschlichen Bedingungen für die Betroffenen betrieben worden. Seitdem im Jahre 1619 ein holländisches Schiff die ersten schwarzen Sklaven in Jamestown, Virginia, an Land gesetzt hatte, wuchs das Interesse der weißen Siedler an diesen Arbeitskräften. Vor allem in der Plantagenwirtschaft, beim Tabakanbau, aber auch auf Farmen, im Handwerk und in Haushalten waren sie begehrt, und zwar in allen britischen Kolonien. Zur Zeit der Amerikanischen Revolution gab es unter 2,5 Millionen Einwohnern etwa 500 000 Sklaven. Während in den Nordstaaten die Sklaverei im Verlaufe der Amerikanischen Revolution weitgehend aufgehoben wurde, nahm sie in den Südstaaten mit der Erfindung der Baumwollentkörnungsmaschine (1793) und der dadurch ermöglichten Steigerung der Baumwollproduktion zu und erschien bald als unverzichtbare Komponente des bestehenden Wirtschaftssystems. Nur die Sklaveneinfuhr wurde 1808 gemäß Verfassungsvorgabe verboten.

Der Streit um die Sklaverei – die Gegner (Abolitionisten) protestierten vom Norden aus, die Verteidiger dagegen agierten im Süden – entzweite zunehmend die Bevölkerung und führte zur großen nationalen Krise. Die Sklavenrevolten im Süden wurden unterdrückt, während die Sklavenflucht vom Norden gefördert wurde. In Kansas ereigneten sich 1856 bereits blutige Zusammenstöße von Anhängern und Gegnern der Sklaverei. Als der Bürgerkrieg ausbrach, gab es etwa 2 Millionen schwarze Sklaven und etwa 200 000 freie Schwarze im Land. Der Sieg des Nordens bedeutete die Emanzipation aller Sklaven, die soziale Gleichstellung der Befreiten wurde in den Südstaaten jedoch noch lange durch diskriminierende Gesetze, durch ein Urteil des Obersten Bundesgerichtes mit dem Tenor „Getrennt, aber gleich!“ (1896) und durch Einschüchterungen von seiten der Weißen verhindert. Erst eine gegenteilige Entscheidung des Obersten Bundesgerichtes aus dem Jahre 1954, durch die die Rassentrennung an Schulen untersagt wurde, und der vehemente öffentliche Protest der Schwarzen gegen ihre Diskriminierung bahnten den Weg zur umfassenden Bürgerrechtsgesetzgebung von 1964. Die sozialen Probleme konnten allerdings auch durch eine gute Gesetzgebung nicht von heute auf morgen ausgeräumt werden.

Die Geschichte der Vereinigten Staaten weist neben diesen ethnischen Konfrontationen andere, nicht weniger wichtige Merkmale auf. Sie ist, vereinfacht gesagt, die Geschichte einer PIONIERGESELLSCHAFT, einer Gesellschaft, die sich in kurzer Zeit ein weites Land zur Siedlung, zum wirtschaftlichen Ausbau und zur Gestaltung eines *American Way of Life* erschloß. Die meisten Einwanderer kamen in der Absicht, in der Neuen Welt eine sichere Existenz zu finden. Persönliche Initiative, Arbeitsenergie und Unternehmungsgeist, auch Abenteuerlust und Risikobereitschaft waren vielen eigen. Als Pioniere standen sie vor schwierigen Aufgaben der Lebensbewältigung und mußten sich gegen manche Widerstände durchsetzen. Einfallsreichtum und Organisationstalent waren nötig, wollten sie in fremder Umgebung den sozialen Aufstieg schaffen. In den Siedlungszentren des Ostens entwickelten sich in rapidem Tempo Handwerk, Manufaktur, Industrie und eine vielseitig verzweigte Geschäftswelt. Weiter westlich fanden Farmer, Handwerker, Händler, Landvermesser, Wege-, Kanal- und Eisenbahnbauer ihr Betätigungsfeld. An der Grenze zum noch unerschlossenen Gebiet galt es, neues Land zu erkunden, unberührten Boden zu beackern und die Natur für den Lebensunterhalt nutzbar zu machen. Ein robuster Menschentyp bildete sich hier heraus, verkörpert etwa im Waldläufer, Goldgräber, Cowboy und Grenzfarmer. Materielle Bedürfnisse hatten dabei Vorrang. Kulturelle Interessen, etwa an einem guten Schulunterricht für Kinder, an Bildung und Kunst, folgten auf dem Fuße. Ein hoch entwickeltes Kulturleben konnte sich aber vorerst nur in den älteren Siedlungsgebieten, nicht im unwirtlichen Westen herausbilden.
Aus europäischer Perspektive wurden diese Zusammenhänge nicht immer recht verstanden. Klischees vom nur geschäftstüchtigen Yankee, vom kulturlosen Erwerbsmenschen, vom vorherrschenden Geist des Materialismus und von der Roheit der Sitten verbreiteten sich und prägten das Bild des Amerikaners. Hoffmann von Fallersleben sprach vom „Krämervolk am Teetisch". Heinrich Heine dichtete witzig-frech:

„Manchmal kommt mir in den Sinn,
Nach Amerika zu segeln,
Nach dem großen Freiheitsstall,
Der bewohnt von Gleichheitsflegeln –
Doch es ängstet mich ein Land,
Wo die Menschen Tabak käuen,
Wo Sie ohne König kegeln,
Wo sie ohne Spucknapf speien."

Der wenig amerikafreundliche Jacob Burckhardt meinte in seinen „Weltgeschichtlichen Betrachtungen", daß „die amerikanischen Kulturmenschen ... auf geistige Kontinuität größtenteils verzichtet haben und Kunst und Poesie nur noch als Formen des Luxus mitgenießen möchten".
Solcherart Vorurteile wurden gedankenlos immer wieder nachgesprochen und haben eine lange Lebensdauer. Viele Europäer merkten dabei nicht, daß sich in den Vereinigten Staaten neben einer früh vorhandenen Kulturpflege WISSENSCHAFT UND KUNST auch selbständig zu regen begannen. In der Kolonialzeit wurde vor allem europäischer Geist rezipiert; war doch das weiße Nordamerika damals ein Außenposten der Alten Welt und den Bewohnern die Bindung an das Mutterland stets gegenwärtig. Die politische Unabhängigkeit bedeutete dann keineswegs die geistige Abnabelung. Mit wachsendem nationalen Selbstbewußtsein stellten sich aber zunehmend eigene kulturschöpferische Leistungen ein. Ralph Waldo Emerson (* 1803, † 1882) forderte nachdrücklich die intellektuelle Unabhängigkeit Amerikas von Europa. Für den hohen Stand amerikanischer Literatur im 19. Jahrhundert seien stellvertretend Autorennamen wie Nathaniel Hawthorne (* 1804, † 1864) und Herman Melville (* 1819, † 1891) genannt. Vergleichsweise vermochte freilich die amerikanische Pioniergesellschaft dem geistigen Leben nicht immer den prominenten Rang zuzugestehen wie die Gesellschaft im Alten Europa. Seit dem 19. Jahrhundert, und ganz besonders im 20. Jahrhundert wirkten aber von den Vereinigten Staaten umgekehrt starke kulturelle und wissenschaftliche Impulse über den Atlantik zurück.
Im WIRTSCHAFTSLEBEN machten sich charakteristische Züge der Pioniergesellschaft ebenfalls bemerkbar. Max Weber hat den Geist des Kapitalismus auf die protestantische Ethik zurückzuführen versucht und dabei besonders den Erwählungsglauben und die innerweltliche Askese der Puritaner im Auge gehabt. Die Stichhaltigkeit seiner These ist umstritten. Wie dem auch sei, das Wirtschaftsdenken in Amerika wurde nicht zuletzt von den konkreten Erfahrungen des Pioniers geprägt, der sich in neuer Umgebung persönlich durchzusetzen und zu bewähren suchte. Ausschlaggebend für den Erfolg war seine Fähigkeit, im Lebenskampf durch Leistungen zu bestehen. Mit Europa hatte er eine Welt hinter sich gelassen, die Eigeninitiativen durch viele Schranken einengte. Der Eintritt in die Neue Welt bedeutete für ihn die Chance zum Aufstieg in freier, zu Aktivität und Selbstbestätigung herausfordernder Umgebung. Im 19. Jahrhundert bot das liberale Wirtschaftskonzept des *Laissez-faire* dazu den passenden Rahmen. Leistungswille und Erfolgsstreben waren nicht gleichzusetzen mit Rück-

sichtslosigkeit und Sozialdarwinismus; im Zeitalter der Industrialisierung aber kämpften amerikanische Wirtschaftsmagnaten, in ihren Methoden nicht wählerisch, um die Macht und nahmen bedenkenlos das vermeintliche Recht des Stärkeren in Anspruch. Dagegen organisierten sich die Arbeiter, und der Staat versuchte, wenn auch mit großer Zurückhaltung, regulierend einzugreifen. Im 20. Jahrhundert folgten Arbeitsgesetze und Sozialreformen, vor dem Ersten Weltkrieg im Zuge der sogenannten „Progressiven Bewegung". Noch 1928, in einer Phase wirtschaftlicher Prosperität, konnte aber Präsidentschaftskandidat Herbert Hoover mit dem Schlagwort *Rugged Individualism* viele Anhänger gewinnen, wobei er das amerikanische Wirtschaftssystem positiv von den europäischen „Doktrinen des Paternalismus und des Staatssozialismus" abhob. Nach der Depression der Jahre 1929–1933, in der Ära des New Deal und nach dem Zweiten Weltkrieg, besonders in den 1960er Jahren, waren tiefergreifende Wirtschafts- und Sozialreformen unausweichlich. Doch blieben dabei das freie Unternehmertum und die kapitalistische Wirtschaftsform erhalten. Ein radikaler Bruch mit der Tradition war nicht beabsichtigt.

Welche Rolle hat die kontinentale WESTEXPANSION in der amerikanischen Geschichte gespielt? Diese Frage aufzuwerfen heißt, sich mit einer These des amerikanischen Historikers Frederick Jackson Turner (* 1861, † 1932) auseinanderzusetzen, die der amerikanischen Geschichtsinterpretation eine fast revolutionäre Wendung gegeben hat. Anlaß zu Turners aufsehenerregender These war die Feststellung des Beauftragten für die amerikanische Volkszählung von 1890, daß es zehn Jahre zuvor im Lande noch eine Siedlungsgrenze gegeben habe, daß aber das damals noch unbewohnte Gebiet inzwischen durch Einzelsiedlungen so aufgeteilt worden sei, daß von einer Grenze nicht mehr die Rede sein könne. Turner zog daraufhin Bilanz und erörterte in einem berühmt gewordenen Aufsatz (1893) die Auswirkungen des Grenzerlebens auf den amerikanischen Lebensstil, auf die gesellschaftliche Ordnung und auf die Herausbildung der amerikanischen Nation. Generationen von Historikern vor ihm hatten dem sozialgeschichtlich interessanten Phänomen der „wandernden Grenze" keine besondere Beachtung geschenkt. Der Angelpunkt der amerikanischen Geschichte war für sie der europäische Ursprung gewesen, sie hatten sich östlich orientiert. Turner wertete den Westen auf, lenkte die Aufmerksamkeit der Historiker auf ein neues, ergiebiges Forschungsfeld und gab der nationalen Rückbesinnung eine eigene Dimension.

Das Vorhandensein von Siedlungsland, sagte Turner überspitzt, erkläre die amerikanische Entwicklung. „Die Besonderheit amerikanischer Institutionen liegt darin, daß sie sich zwangsläufig an die Veränderungen einer expandierenden Bevölkerung haben anpassen müssen, an Veränderungen, die in der Eroberung der Wildnis, in der Entwicklung jedes Gebietes, das hierbei erfaßt worden ist, von primitiven wirtschaftlichen und politischen Bedingungen des Grenzraums in die Komplexität des städtischen Lebens, beschlossen gewesen sind." Der freie Raum im Westen sei eine Art Sicherheitsventil gewesen, wenn im Osten die sozialen Bedingungen prekär gewesen seien. Das freie Land habe den Individualismus, die wirtschaftliche Chancengleichheit, die Möglichkeit zum sozialen Aufstieg und die Demokratie schlechthin gefördert.

Turners These ist vielfach kritisiert worden. Ihm wurde engstirniger Umweltdeterminismus und die Unterbewertung östlicher und europäischer Einflüsse auf die amerikanische Verfassungs- und Gesellschaftsentwicklung vorgeworfen. Manche Behauptungen Turners ließen sich konkret widerlegen, zum Beispiel der angebliche Zusammenhang zwischen der Wanderung nach Westen und der Lohnentwicklung im Osten, aber bei einer ganzheitlichen Betrachtung der amerikanischen sozialen, wirtschaftlichen und institutionellen Entwicklung muß dem Westen doch eine große Bedeutung beigemessen werden. Es sei nur beispielhaft darauf hingewiesen, daß das Frauenstimmrecht in den Vereinigten Staaten zum ersten Mal 1869 im Wyoming Territory, damals einem Grenzland im Westen, eingeführt worden ist. Das Vorhandensein der offenen Grenze hat auch eine Vorstellung vom zu engen Lebensraum nicht aufkommen lassen, die in Europa gefährliche ideologische Programme mitbestimmt hat und zur Rechtfertigung expansiver Gewaltakte benutzt worden ist.

Ideologische Programme hatten überhaupt in der amerikanischen Geschichte geringere Chancen als in der europäischen. Normen, Werte und Ideen bestimmten zwar leitlinienartig amerikanische Politik, manchmal sehr intensiv, bestimmen sie auch heute noch, aber sie müssen sich in der Wirklichkeit bewähren, werden auf ihre Qualität hin getestet, werden für gut befunden oder verworfen. PRAGMATISMUS und EXPERIMENTIERFREUDIGKEIT kennzeichneten politisches Entscheiden und Handeln in der Neuen Welt stärker als in der Alten. Im Handeln erkennen, Wahrheit aus der Gesamtheit der Erfahrungen ablesen, Schwierigkeiten des Lebens denkend auflösen – dies sind Formeln aus der Philosophie und Pädagogik des amerikanischen Pragmatismus, deren Hauptvertreter Charles Sanders Peirce (*1839, †1914), William James (*1842, †1910) und John Dewey (*1859, †1952) waren. Wie weit ihr Einfluß reichte, läßt sich nicht genau messen. An drei Beispielen aber sei die wichtige pragmatische Komponente in der geschichtlichen Entwicklung der Vereinigten Staaten aufgezeigt: Die Verfassung, die die „Gründungsväter“ in Philadelphia entworfen haben, ist kurz und knapp. Sie wurde für einen kleinen, relativ leicht überschaubaren Staat formuliert. Inzwischen ist das Staatsgebiet viermal so groß, hat sich die Bevölkerungszahl auf mehr als das Sechzigfache erhöht und ist die Stellung von Staat und Nation in der Welt unvergleichlich wichtiger geworden. Obwohl die Frage, ob diese zweihundert Jahre alte Verfassung heutigen Bedürfnissen noch entspricht, oft aufgeworfen wurde, haben die Amerikaner auf eine Neuformulierung verzichtet. Vielmehr begnügen sie sich damit, neue Interpretationen aus der Verfassung herauszuholen sowie das ursprüngliche Dokument von Zeit zu Zeit durch Zusätze zu erweitern und dadurch neuen Gegebenheiten anzupassen.

Das amerikanische Parteiensystem beruht weniger als die Parteiensysteme europäischer Länder auf ideologischen Fundamenten und dauerhaft fixierten Programmen. Seit 1840 formulieren die Parteien alle vier Jahre zum Präsidentenwahlkampf sogenannte Plattformen. Diese enthalten wohl Grundsätze und generelle Maßstäbe, aber sie sind mehr noch auf die jeweils anstehenden konkreten Probleme der Nation ausgerichtet und sollen möglichst viele Gruppen der Bevölkerung ansprechen.

Die amerikanische Arbeiterbewegung, stärker verkörpert in großen Gewerkschaften als in politischen Parteien, war und ist auch weniger gesellschaftspolitisch fixiert als vergleichbare Bewegungen Europas. Konkrete Forderungen nach einer Verbesserung der Arbeitsbedingungen hatten stets Vorrang vor Doktrinen und Konzepten.

Turners These, daß die demokratischen Institutionen Amerikas im wandernden Grenzraum des Westens geprägt worden seien, ist in den letzten Jahrzehnten öfters mit dem Argument in Frage gestellt worden, daß gerade hier Willkür und Gewalt, Gesetzlosigkeit und Selbstjustiz verbreitet waren. Indianer waren davon betroffen, und auch Weiße in Auseinandersetzungen unter sich. Das ist die Kehrseite der Medaille. Im Westen existierte ein Freiraum für unabhängiges Handeln und individuelle Selbstverwirklichung, im Guten und im Bösen. Läßt sich auch für das letztere die Begründung einer Tradition konstatieren, eines Erbes, das die amerikanische Gesellschaft geprägt hat? Dies uneingeschränkt zu bejahen wäre ebenso einseitig wie die Verabsolutierung des Positiven. Der Selbstbehauptungswille des Amerikaners war vom frühen Pionierdasein und vom Aufbegehren gegen die englische Kolonialherrschaft an mit dem Recht auf Waffenbesitz und Waffengebrauch verbunden. Der zweite Verfassungszusatz (1971) lautet: „Da eine wohlgeordnete Miliz für die Sicherheit eines freien Staates notwendig ist, darf das Recht des Volkes, Waffen zu besitzen und zu tragen, nicht beeinträchtigt werden." Diese Bestimmung ist jedoch als Recht zum Waffentragen für gesetzlich erlaubte Zwecke zu interpretieren, nicht als Recht zum Tragen von Waffen nach eigenem Gutdünken und zum ungesetzlichen Gebrauch. Individuen dürfen nur aufgrund einzelstaatlicher Bestimmungen Waffen tragen, das hat das Oberste Bundesgericht mehrmals bestätigt.

Bewaffnete STREITKRÄFTE wurden in den Vereinigten Staaten traditionell nicht auf der Basis der allgemeinen Wehrpflicht gebildet. Für ein Volksheer – in Europa mit Demokratievorstellungen verknüpft – gab es kaum Bedarf. Die innere und äußere Sicherheit wird in Krisensituationen durch eine Miliz (NATIONALGARDE) und durch ständig unterhaltene BUNDESSTREITKRÄFTE gewährleistet. Ersterer gehören theoretisch alle waffenfähigen Männer über 18 Jahre an, tatsächlich besteht sie aber aus Freiwilligen. Die Streitkräfte, ebenfalls aus Freiwilligen rekrutiert, waren im 19. Jahrhundert und in der ersten Hälfte des 20. Jahrhundert relativ klein. Nur in Kriegzeiten wurde die Wehrpflicht (*Selective Service*) beschlossen (1863, 1917 und 1941); auch während des Kalten Krieges und des Vietnamkrieges bestand sie (1948–1973). Der Zweite Weltkrieg forderte von den Vereinigten Staaten eine erhebliche Ausweitung ihrer Streitkräfte. Die Personalstärke des Militärs betrug 1945 über 12 Millionen. Nach einer kurzen Phase dramatischer Demobilisierung 1946/1947 brachte das weltweite Engagement der „Supermacht" Amerika die ständige Unterhaltung eines großen Militärapparats (Personalstärke 1946: 1,9 Mio.; 1955: 1,1 Mio.; 1991: 0,7 Mio.) und einen hohen Verteidigungshaushalt (1991: 262 Milliarden Dollar, d.h. 19,8 Prozent des Gesamthaushaltes) mit sich.

Hinter den tiefgreifenden Veränderungen, die seit dem Zweiten Weltkrieg die Sicherheitspolitik und das Militärwesen Amerikas kennzeichneten, stand eine GEWANDELTE AUßENPOLITIK. Aus der Großmacht, die 1898 über ihre Küsten hinaus Positionen im Pazifik und in der Karibischen See bezogen und 1917 mitbestimmend in den Ersten Weltkrieg eingegriffen hatte, wurde nach dem weltweiten Engagement von 1941–1945, nach den alliierten Siegen über Italien, Deutschland und Japan und angesichts des neuen, großen Konflikts zwischen Ost und West eine „Supermacht" – Mittelpunkt eines Kontinente überspannenden Staatenblocks und dessen Hauptakteur im globalen Konfliktgeschehen. Die sogenannte Truman-Doktrin von 1947 markierte nach außen den Wendepunkt. Sie machte deutlich, daß sich die USA nach errungenen Siegen nicht auf ihren Souveränitätsbereich zurückziehen, sondern in Verfolgung politischer Ziele mit staatlicher Wirtschafts- und Militärhilfe in der Welt präsent bleiben würden.

Wie 1898 erhebt sich die Frage, ob hier ein Bruch mit der Tradition festzustellen ist oder ob in diesem Wandel nicht doch eine Konsequenz gelegen hat, die aus früherer Außenpolitik hergeleitet werden muß. Die Ansichten in dieser Frage gehen auseinander. Von einer „Weltmacht wider Willen“ sprach zum Beispiel 1957 der Berliner Politikwissenschaftler Ernst Fraenkel und wies kontrastierend auf die Neutralitätspolitik der 1930er Jahre hin, als sich Amerika „aus allen Verstrickungen, Allianzen und Kriegsgefahren herauszuhalten versuchte". Wilson und Roosevelt hätten ihr Volk in einen Weltkrieg, Truman habe sein Volk in die Weltpolitik geführt. Anders lauten Erklärungen des amerikanischen Historikers William Appleman Williams und seiner „Schule". Die amerikanische Außenpolitik sei, so heißt es, von Anfang an auf Expansion und „Imperiumsbildung“ angelegt gewesen: Vorschieben der Grenze auf dem Kontinent, Ausgreifen in den Pazifik und in das Karibische Meer, dann eine weltweite Politik der „Offenen Tür", wobei es nicht um „territorialen und administrativen Kolonialismus", sondern um die Errichtung eines „Imperiums der Wirtschaft, der Ideologie und der Stützpunkte", eines *informal empire*, gegangen sei.

Beide Interpretationen wurden mit dem Anspruch auf absolute Richtigkeit vorgetragen. Tatsächlich widersprechen sie sich mehr im Tenor als in der sachlichen Aussage. Beide sind in ihrer Art einseitig, sie betreffen Teilkomponenten amerikanischer Außenpolitik, die als solche zutreffend gesehen werden, aber sich nicht gegenseitig ausschließen. Die politische Tradition des Isolationismus, d.h. die Angst vor einer Verwicklung der Vereinigten Staaten in Auseinandersetzungen fremder Mächtesysteme, läßt sich historisch ebensoweit zurückverfolgen wie die Forderungen nach einer Expansion des wirtschaftlichen Entfaltungsraumes, d.h. eines freien Marktes außerhalb der eigenen Grenzen, der für die wirtschaftliche und soziale Stabilität des Landes vorteilhaft, ja notwendig sei. Außenpolitik ist jedoch nicht allein wirtschafts- und sozialpolitisch bedingt; prinzipielle Ordnungsvorstellungen und sozialpsychologische Faktoren können eine wichtige Rolle spielen, sie sind nicht nur ideologische Zutat. Umgekehrt ist amerikanische Außenwirtschaftspolitik mit dem Stichwort „Imperiumsbildung“ auch nur vage und mißverständlich charakterisiert.

Der deutsche Historiker Hans-Ulrich Wehler hat Außenpolitik unter Rückgriff auf sozialwissenschaftliche Begriffe als „Ausdruck des Primats der Systemerhaltung“ bezeichnet, der, grob unterschieden, „defensiven oder offensiven Charakter" gewinnen kann. Ist die Vorstellung vom „System" dabei nicht eng begrenzt – etwa so, als seien die Vereinigten Staaten nur ein expandierendes kapitalistisches Wirtschaftssystem –, sondern erhalten politische und gesellschaftliche Ordnungsprinzipien als eigenwertige Komponenten ihren gebührenden Platz, läßt sich mit diesem Begriff wohl operieren. Wenn man Postulate wie Freiheit, Demokratie und Streben nach Glück auch angesichts differierender Auslegungsmöglichkeiten im Detail und unterschiedlicher Verwirklichungsgrade im Ablauf der Zeit als echte Elemente eines Orientierungssystems begreifen kann, eines Systems, das zeitweilig defensiv, zeitweilig offensiv vertreten wird, hat man einen Schlüssel zur Außenpolitik der Vereinigten Staaten von den Anfängen bis heute.

In der Ausbreitung des liberalen Systems sahen Amerikaner ihre spezifische Mission. Dabei muß jedoch gesehen werden, daß die Verbreitung dieses Orientierungssystems nicht auf Einbahnstraßen erfolgte, nicht nur zu Hegemonie- und Dependenzverhältnissen führte, sondern daß andere Nationen dasselbe Orientierungssystem attraktiv fanden, sich mit ihm mehr oder minder identifizieren konnten und daß sich Blockpolitik auch in Partnerschaft vollziehen kann. Ohne ein solch erweitertes Verständnis wäre der Weg der Vereinigten Staaten zur Welt- und Supermacht nicht befriedigend interpretiert.

Ein abschließender Blick auf die amerikanische GESELLSCHAFTSENTWICKLUNG läßt ebenfalls Kontinuität und Wandel erkennen. Für Privatinitiative, räumliche und soziale Mobilität, Innovationsbereitschaft und Experimentierfreudigkeit, unterschiedliche Lebensformen und einen gesellschaftlichen Pluralismus ist immer noch Raum gegeben; die Pioniergesellschaft des 18. und 19. Jahrhunderts allerdings gibt es heute nicht mehr. Mit dem Fortfall der „wandernden Grenze", mit den sozialen Schattenseiten von Industrie und Big Business, mit ethnischen und sozialen Konflikten, vor allem mit erheblichen demographischen Veränderungen stellten sich tiefgreifende gesellschaftliche Forderungen ein, wurden umfassende staatliche Sozialprogramme nötig und entfaltete sich ein neuer Stil des *American Way of Life*.

Mit dem Zweiten Weltkrieg trat die Herausbildung der Massengesellschaft in ein forciertes Stadium. Hohe Geburtenraten von 1940 bis 1965 und neue Einwandererschübe steigerten die Bevölkerungsdichte. Binnenwanderungen bewirkten eine Änderung der räumlichen Verteilung: Schwarze zogen verstärkt in die Großstädte des Nordens, viele Angehörige der Mittelschicht zogen vom Norden zum „Sonnengürtel" des Südens und Südwestens. Die Verstädterung nahm weiter zu, große Städte wuchsen zu Stadtregionen zusammen, die weiße Mittelstandsgesellschaft strebte in die Vorstädte, Stadtkerne verfielen zu Slums, Umweltbelastungen minderten die Lebensqualität. Dem sollten Stadterneuerungs- und Umweltsanierungsprogramme entgegenwirken.

Das Bruttosozialprodukt stieg von 1950 bis 1990 nominal auf das Zwanzigfache des Anfangswertes, das persönliche Durchschnittseinkommen in der gleichen Zeit auf das Zwölffache. Dabei muß zwar die Kaufkraftminderung des Dollars in dieser Zeitspanne auf etwa 15 Prozent des Ausgangswertes in Rechnung gestellt werden, doch spiegeln diese Zahlen die Verbesserung des materiellen Lebensstandards deutlich wider. Der Anteil der Mittelschichten an der Bevölkerung wuchs erheblich. Mehr und mehr Frauen traten in das außerhäusliche Berufsleben ein (1950: 32,5 Prozent; 1990: 57,5 Prozent). Eine beträchtliche Steigerung des Bildungsstandes junger Menschen war zu beobachten. In den 1970er Jahren besuchten über 50 Prozent der Jugendlichen eines Jahrgangs Colleges und Universitäten. 1990 waren es 60 Prozent.

Armut und Not waren mit dem besseren Lebensstandard des Durchschnittsamerikaners freilich nicht behoben. Sie waren vorübergehend von der Überflußgesellschaft übersehen worden, traten aber um so mehr in Erscheinung, als in den 1970er Jahren das Wirtschaftswachstum zu stagnieren begann und sich in hohen Arbeitslosenziffern das soziale Ungleichgewicht manifestierte. Gegen Verelendungserscheinungen wie in der großen Weltwirtschaftskrise waren allerdings mit der amerikanischen Sozialgesetzgebung des New Deal und deren Erweiterung in den 1960er Jahren gewisse Schranken errichtet. Längst hat auch die amerikanische Gesellschaft Grundzüge des modernen Wohlfahrtsstaates akzeptiert. In welchem Maße der Staat für die soziale Sicherung seiner Bürger aufkommen soll, ist freilich in Zeiten hoher Haushaltsdefizite und umstrittener Prioritäten eine immer wieder intensiv diskutierte Frage.

Viele Züge des *American Way of Life* lassen sich auch in anderen Industrienationen feststellen. Steckt hinter dieser Erscheinung eine Expansion des amerikanischen Lebensstils über nationale Grenzen hinaus, eine „Amerikanisierung“ der westlichen Welt? Zutreffender dürfte eine Gegenthese sein, die der Soziologe Arnold Bergstraesser 1963 vertreten hat: Entwicklungen werden oft als „amerikanisch verursacht“ gesehen, „die in Wirklichkeit zur modernen Industriegesellschaft gehören, wo immer sie sich auch entfaltet”. Statt einer Lebensstil-Expansion haben demnach Parallelvorgänge aufgrund ähnlicher Prämissen stattgefunden, wobei es Phasenverschiebungen gegeben haben mag: Wandlungen setzten in Europa oft erst später ein.

Deutsche, die nach Amerika blickten, stellten sich oft vor, daß es jenseits des Atlantiks ein „Land der unbegrenzten Möglichkeiten" gäbe (Titel eines 1903 erschienenen Buches von Ludwig Max Goldberger). Auch die Auffassung, daß die relativ kurze, überschaubare Vergangenheit der Vereinigten Staaten ein gradliniger Aufstieg vom kolonialen Siedlervolk zur Führungsnation der westlichen Welt gewesen sei, stellt sich meist schnell ein. Amerikaner haben vermutlich selbst mit ihrer eigenen sinndeutenden Geschichtslegende vom Zivilisationsauftrag, von Fortschritt und Erfolg zu dieser Vorstellung beigetragen. Wer sich nicht mit flüchtigen Eindrücken begnügt, sondern genauer hinschaut auf das vielfältige und abwechslungsreiche Geschehen, auf die mannigfaltigen Wandlungsprozesse, die sich im Laufe von zwei Jahrhunderten in der Neuen Welt abgespielt haben, wird schnell bemerken, daß Pauschalurteile und schematische Deutungen wenig taugen. Unbegrenzt sind die Möglichkeiten Amerikas nie gewesen. Erfolgsgeschichten haben Mißerfolge, die es auch gegeben hat, bisweilen verdeckt. Die Vergangenheit der Vereinigten Staaten war in Wirklichkeit ein wechselvolles Geschehen, mit Tiefen und Höhen, dramatischen Zuspitzungen und konstruktiven Lösungen, mit Niederlagen und Siegen, Rückschlägen und Neuanfängen. Die Kontinuität von richtungsweisenden Prinzipien und handlungsbestimmenden Interessen ist erkennbar, aber Geschichte ist nicht Kontinuität allein, sondern Veränderung und Wandel, und so durchlebten dreizehn Generationen von Amerikanern, die es seit der Gründung der ersten englischen Kolonie in Nordamerika gegeben hat, einen spannenden Prozeß von Anstrengungen und Auseinandersetzungen, von Experimenten und Folgewirkungen, die zu studieren für den Außenstehenden nicht weniger lohnend ist als die Geschichte anderer Nationen.

Vorgeschichte und Indianerkulturen

Innerhalb der WISCONSIN-EISZEIT, die mit der europäischen WÜRM-EISZEIT zeitgleich ist, findet in der letzten Kaltphase (zwischen 25 000 und 8 000 v. Chr.) mit sehr hoher Wahrscheinlichkeit die Haupteinwanderung von Menschen mongoloiden Rassentyps aus Nordostasien über eine damals bestehende, etwa 1 500 km breite, eisfreie Landbrücke nach Nordamerika statt. Die Mehrzahl der Archäologen datiert die Erstbesiedlung um 13 000 v. Chr., als sich ein Eiskorridor zwischen der Laurentischen Eismasse im Osten und dem Kordillerengletscherdom im Westen Nordamerikas bildete, durch den die ersten Amerikaner auf der Fährte ihres Jagdwildes nach Süden ziehen und sich ungehindert bis nach Südamerika ausbreiten konnten. Dann schließt sich hinter ihnen die kanadische Eisbarriere. Eine mögliche weitere Wanderroute entlang der pazifischen Küste kann nicht ausgeschlossen werden. Ab 8 000 v. Chr. tauen die Gletscher ab und geben den Weg nach Süden wieder frei. Aus der Zeit der Nordsperre stammen die ersten Funde von Artefakten. Es sind grob gearbeitete Faustkeile, Schaber und Bohrer, die gewisse Übereinstimmungen mit den Grobschaberindustrien Ost- und Südostasiens zeigen. Als älteste Funde gelten heute Artefakte, die man u.a. im *Meadowcroft Rockshelter* (Pennsylvania) ca. 15 000 v. Chr., gefunden hat. Die Datierung anderer Altfunde in Nord-, Mittel- und Südamerika, die um rund 20 000 Jahre und mehr „datiert" worden sind, ist heftig umstritten. Das hohe Alter (bis zu 40 000 Jahre) einiger Stein- und Knochenartefakte wird wegen Unsicherheiten bei der Datierung (Kontamination, Störungen der Stratigraphie) heute nicht mehr akzeptiert: *Tlapacoya* in Mexiko, *Pikimachay* in Peru, *Toca do Boqueirao da Pedra Furada* in Brasilien und *Monte Verde* in Chile.

Wesentlich jünger sind Tausende von großen, meist grob zugehauenen Geschoßspitzen, die gelegentlich mit tierischen Skelettresten der eiszeitlichen Megafauna vergesellschaftet angetroffen wurden. Die meisten stammen aus einer Zeit ab 9500 v. Chr. Sie sind Zeugnisse einer endpleistozänen paläo-indianischen Großwildjägerkultur (Wildpferde, Bisons, Kamelide, Wald-Moschusochsen, Wollhaarmastodonten). Die ältesten dieser steinernen Geschoßspitzentypen sind die CLOVIS-SPITZEN. Man hat Clovis-Spitzen v.a. mit Mammutresten gefunden und z.B. die Funde von *Lehner* (Arizona) und *Colby* (Wyoming) um 9000 v. Chr. datieren können. Clovis-

Spitzen unterscheiden sich von altweltlichen paläolithischen Spitzen vor allem durch eine mehr oder weniger stark ausgeprägte beidseitige Mittelkehlung oder Kannelierung. Ab 9000 werden die Clovis-Spitzen von kleineren und feiner gearbeiteten Projektilen abgelöst, den FOLSOM-SPITZEN; man hat diese hauptsächlich mit Resten des pleistozänen Bisons angetroffen. Fundorte mit größeren Artefaktsammlungen sind *Folsom* (Neumexiko), *Lindenmeier* (Colorado), *Hanson* (Wyoming); die meisten Fundstationen liegen in den Plains. Sie sind überwiegend Bisonschlachtplätze.
Die steinernen Geschoßspitzen der jüngsten paläo-indianischen Periode (ca. 8000 bis 5000) unterscheiden sich von den Clovis- und Folsom-Spitzen erheblich: die Auskehlung kommt nicht mehr vor, sie sind oft gestielt und meist sorgfältig mit Druckretusche gearbeitet. Ihr Verbreitungsgebiet umfaßt das ganze Gebiet der heutigen Vereinigten Staaten. Das Ende der Eiszeit bringt außer einem erheblichen KLIMAWANDEL auch bedeutende VEGETATIONSVERÄNDERUNGEN. Es wird wärmer und trockener. Die eiszeitliche Tierwelt stirbt aus, wozu die Jagdaktivitäten des Menschen mit beigetragen haben; die These eines *„overkills“* kann nicht bestätigt werden. Der Mensch muß sich den neuen Verhältnissen anpassen. Die großen Geschoßspitzen werden von kleineren Projektilen ersetzt, Mörser und Reibsteine geben Hinweise auf die zunehmende Bedeutung der pflanzlichen Nahrung. Man nennt diese Epoche in Nordamerika das ARCHAIKUM. In den ariden Gebieten des Westens bildet sich eine STEPPENSAMMLERKULTUR heraus. Im östlichen Waldland entstehen spezialisierte Lokalkulturen von Muschelsammlern (südliche atlantische Küste und Flußläufe des Südostens), Jägern und Fischern (Großen Seen und nördliche atlantische Küste) und Wildpflanzensammlern (im Mittelwesten).
Eine letzte größere Einwanderung findet um 6000 v. Chr. statt. Die neuen Einwanderer sind MONGOLIDE, unterscheiden sich also von den PRÄMONGOLIDEN INDIANIDEN. Das Artefaktmaterial dieser maritimen Jäger von Seesäugetieren (Robben, Walen) wird von einer Mikroklingenindustrie (ähnlich der jungpaläolithischen Gravettien-Art in Europa) charakterisiert. Aus diesen EPI-GRAVETTIEN-KULTUREN entsteht Jahrtausende später unter neolithischen Kultureinflüssen aus Sibirien die PROTO-ESKIMO-KULTUR.
Nordamerika läßt sich in mehrere Kulturräume gliedern, denen der ethnographische Zustand aus der Zeit der Entdeckung zugrunde liegt und die auch die Verhältnisse in der archäologisch erschlossenen Zeit ab etwa dem letzten Jahrtausend v. Chr. widerspiegeln: Osten, Plains- und Präriegebiet, Südwesten, Großes Becken und Kalifornien, Nordwestküste, Subarktis, Arktis.

Während sich in Mesoamerika und in Peru bereits im 4. Jahrtausend v. Chr. die ersten Vorformen der späteren Hochkulturen zu entwickeln beginnen (Pflanzendomestikation, feste Siedlungen, Töpferei), verharrt Nordamerika zunächst noch im Stadium der frühen nachpleistozänen Jäger- und Sammlerkultur. Erst ab 1000 v. Chr. beginnen sich im östlichen Waldland und im Südwesten Entwicklungen abzuzeichnen, die – auf mesoamerikanische Kultureinflüsse zurückgehend – auch die nordamerikanischen Indianerkulturen bis an die Schwelle zur Hochkultur führen.

Der Osten

Im östlichen Waldland, in den Tälern des Mississippi und seiner wichtigsten Nebenflüsse, entstehen aus einem spezialisierten Sammlertum bereits mit dem Anbau von lokalen domestizierten Pflanzen (Sonnenblume, Gänsefuß, Iva-Arten) und dem aus dem Süden kommenden Kürbis die ersten früh-formativen Kulturen der sogenannten WALDLAND-PERIODE. Die archäologisch bekannteste Kultur ist die ADENA-KULTUR am mittleren und oberen Ohio. Die POVERTY POINT-KULTUR mit ihrem Zentrum im nördlichen Louisiana (um 1200 v. Chr.) ragt mit ihren Erdpyramiden, Wallanlagen, aus den spät-archaischen Kulturmanifestationen als früheste formative Kultur heraus. Sie verbreitete sich im ganzen mittleren Mississippi-Tal, vor allem in den Schwemmlandschaften des großen Stromes und seiner unteren Nebenflüsse (Yazoo-Becken, Mississippi-Delta, Golfküste von Alabama).

Wesentliche Merkmale der Kulturen der frühen Waldlandzeit sind der Grabhügelbau, der erste gelegentliche Anbau von Pflanzen, feste Siedlungen, entwickelte Töpferei, Steinschliff und andere Techniken. Zu den häufigsten Grabbeigaben der Adena-Kultur zählen polierte Steinobjekte (*gorgets*), die als Hals- oder Brustschmuck getragen werden sowie die sog. Bannersteine. Schon etwas früher (ab 2500) tritt an der südatlantischen Küste von Georgia und Florida die älteste Keramik Nordamerikas auf, eine mit Pflanzenfasern gemagerte Töpferei.

Die Adena-Kultur scheint jedoch völlig unabhängig von dieser südöstlichen Entwicklung entstanden zu sein, denn es lassen sich der Totenkult, die Verwendung von Kupfer, der Anbau von halbdomestizierten Pflanzen u.a.m. aus lokalen spät-archaischen Komplexen ableiten.

Der Adena-Kultur folgt in der Mittelwaldland-Periode (ab 200) die HOPEWELL-KULTUR, die wohl besser als Kultkomplex bezeichnet werden sollte.

Die Mounds (Erdhügel) mit Bestattungen nehmen immer größere Ausmaße an; häufig treten große, geometrisch oder theriomorph gestaltete Erdwallanlagen hinzu, die einen sakralen Bezirk umschließen. Charakteristische Formen des Hopewellkultes (reiche Grabbeigaben aus weither eingehandelten Materialien) finden sich von den Großen Seen bis zum Tennessee River und von den Prärien bis zur mittelatlantischen Küste.
Auf die Hopewell-Kultur, die um 400 n. Chr. abbricht, setzt dann um 700 n. Chr. im mittleren und unteren Mississippi-Tal, mit zunächst nur geringer Expansionswirkung nach Norden, das urbane Formativum ein, das von der Mississippi-Kultur getragen wird, die der ganzen Spät-Waldland-Periode ihren Namen gegeben hat. Ökonomische Basis bildet der intensive Anbau von neuen, ergiebigen Maisarten (ab 900 n. Chr.), die über den Südwesten aus Mesoamerika hierher gelangten. Zusammen mit Kürbis und (später) der Bohne entsteht nun der große Pflanzenbaukomplex aller östlichen Indianerkulturen Nordamerikas. Mesoamerikanische Kulturelemente zeigen sich in der hochentwickelten Keramik mit Muschelmagerung, in dem Bau von Erdpyramiden (auf denen Tempel stehen) und im religiös-kultischen Bereich. Die Cahokia-Mound-Gruppe östlich von St. Louis weist mit dem vierterrassigen *Monks Mound* von 330 × 240 m Grundfläche und einer angenommenen Höhe von 33 m die größte Erdpyramide Nordamerikas auf. Umfangreiche Grabungen in den 70er und 80er Jahren unseres Jahrhunderts haben ergeben, daß *Cahokia* ein bedeutendes Handels- und Kultzentrum war, das bis zu 30 000 Bewohner gehabt haben mag. Der südliche Totenkult (auch südöstlicher Zeremonialkomplex genannt), bestimmt ab etwa 1250 n. Chr. die MISSISSIPPI-KULTUR. Er äußert sich vor allem in der Ikonographie bei Muschelgravierungen, bemalter und skulptierter Keramik, getriebenen Kupferplatten und bemalten Textilien. Zentren des südlichen Totenkultes sind die Zeremonialstätten von *Etowah* (Georgia), *Moundville* (Nord-Alabama), *Kolomoki* (Südwest-Georgia) und *Spiro* (Oklahoma). Nach ihrer Konsolidierung um 1000 n. Chr. breitete sich die Mississippi-Kultur schnell über weite Gebiete des östlichen und mittleren Nordamerikas aus; sie erreichte auch die Prärien und Plains. Kurz vor Ankunft der ersten Spanier in Florida bricht die Mississippi-Kultur in ihrem Kerngebiet zusammen.
Im östlichen Waldland leben in frühhistorischer Zeit an der atlantischen Küste sowie im Mittelwesten ALGONKIN-STÄMME, an den östlichen Großen Seen siedeln IROKESEN. Fünf, später sechs, irokesische Stämme schließen sich zu der Irokesen-Liga zusammen: *Mohawk, Onondaga, Oneida, Cayuga, Seneca, Tuscarora.* Alle Indianer des östlichen Waldlandes sind inten-

sive Bodenbauer. Sie leben in festen Dörfern mit Großhäusern, die in Klane und Stämme organisiert sind. Die irokesische Liga wird von Sachems geleitet, die von bestimmten matrilinearen Klanen der Stämme gewählt werden. Geheimbünde sind vor allem für Krankenheilungen zuständig. Die meisten Algonkin-Stämme der Küste (*Delawaren, Mohikaner, Wappinger, Powhatan u.a.*) werden bald nach der ersten europäischen Landnahme von den weißen Siedlern verdrängt und – hauptsächlich durch eingeschleppte Krankheiten – ausgerottet.

Im südöstlichen Waldland, südlich des Tennessee River, leben die volkreichen Stämme der *Cherokee, Creek, Choctaw, Chickasaw*, in Florida der aus Creek und aus Plantagen geflüchteten schwarzen Sklaven entstandene Stamm der *Seminolen*. Alle Stämme sind intensive Bodenbauer, die in großen Dörfern leben. Es gibt Kriegs- und Friedenshäuptlinge. Bei den *Natchez* und *Chitimacha* im unteren Mississippi-Tal gibt es sakrale Häuptlinge, die einer obersten Adelsschicht angehören. Alle Stämme werden, bis auf wenige Reste, um 1832 aus ihrer Heimat vertrieben und im heutigen Oklahoma angesiedelt.

In den Prärien leben zahlreiche Sioux- und Caddo-sprechende Stämme (*Santee-Dakota, Omaha, Osage, Iowa [Sioux] und Arikara, Pawnee [Cad-*

Abb. 1: Plains-Indianer, Teton Dakota (nach einer Zeichnung von Karl Bodmer, 1833).

do]). Sie leben als Bodenbauer in den Flußtälern; auf der offenen Prärie jagen sie Bisons. Nach der Übernahme von Pferden durch die Weißen im 17. Jahrhundert schließen sie sich zu größeren Jagdeinheiten zusammen, die im Sommer gemeinsam den Bisonherden nachziehen. Die Dörfer bestehen aus festen Erdhäusern. Es gibt ein erbliches Häuptlingtum und zahlreiche Männer- und Geheimbünde (Krankenheilungsbünde).
Auf den Plains, wo in voreuropäischer Zeit ein Bodenbau nicht möglich ist, lebten einst nur wenige Indianergruppen. Erst nach der Übernahme des Pferdes wandern zahlreiche Stämme aus den Prärien und den Waldländern des Mittelwestens auf die Plains hinauf. Sie stellen ihr Leben völlig um und werden nomadische Bisonjäger. Sie leben in Lederzelten (Tipis) und entwickeln eine kriegerische, jedoch kurzlebige Reiterkultur, die mit der Ausrottung des Bisons durch die nach Westen vordringenden weißen Siedler (um 1880) zusammenbricht. Alle Prärie- und Plains-Stämme werden nach letzten verzweifelten Kämpfen (Schlacht am Little Big Horn 1876) in Reservationen eingewiesen. Mit dem Zusammenbruch ihrer Kultur und den starken Bevölkerungsverlusten setzten Apathie und Lebensüberdruß (hohe Suizidrate) den einst vitalen und lebensfrohen Indianern zu. Die Lebensbedingungen sind auch heute noch sehr schlecht, doch hilft ein steigendes Selbstbewußtsein, verbunden mit einer Revitalisierung traditioneller Glaubensvorstellungen, den – notwendigen – Anpassungsprozeß an die moderne amerikanische Industriegesellschaft mildern. Die Wiederbelebung des SONNENTANZES und die Verbreitung der PEYOTE-ZEREMONIE (*Native North American Church*) sind wichtigere Faktoren in diesem Überlebensprozeß als die in den 70er Jahren einsetzende aggressive AIM (*American Indian Movement*)-POLITIK (Besetzung von Alcatraz, Wounded Knee, Stürmung des *Bureau of American Indian Affairs*); die AIM-Bewegung ist heute weitgehend abgeklungen.

Der Südwesten

Im Südwesten Nordamerikas, mit dem Zentrum in den heutigen Staaten Arizona und Neumexiko, beginnt die formative Entwicklung um 300 v. Chr. mit der HOHOKAM-TRADITION. Sie tritt in Zentral-Arizona voll ausgebildet auf, so daß die (umstrittene) These vertreten wird, die früheste Periode der Hohokam-Tradition leite sich direkt aus Mesoamerika her; wahrscheinlicher ist wohl eine Stimulus-Diffusion. Die Hohokam-Tradition basiert auf einem intensiven Bodenbau (Mais – schon ab 1000 v. Chr.

in *Bat Cave* (Neumexiko) nachgewiesen –, Bohnen, Kürbis), hochwertiger Keramik (rot-auf-Ocker), Zeremonialarchitektur (kleine Erdpyramiden, kultische Ballspielplätze), Steinschlifftechnik usw. Bedeutendste Siedlung ist *Snaketown* (bei Phoenix, Arizona) mit ihren riesigen Bewässerungssystemen. Sie beeinflußt die ANASAZI-TRADITION des südlichen Colorado-Plateaus, die sich durch ihre charakteristische Wohnwabenarchitektur, einer anderen Keramik (schwarz-auf-weiß, später polychrom), anderen Bestattungssitten (Skelettbestattung anstatt Leichenverbrennung) usw. allerdings deutlich von der Hohokam-Tradition abhebt. Die ältere Periode der Anasazi-Tradition bezeichnet man als BASKETMAKER-, die jüngere (ab 750 n. Chr.) als PUEBLO-KULTUR. Andere Lokalkulturen entstehen unter dem Einfluß dieser beiden bedeutenden Traditionen: MOGOLLON im östlichen Zentral-Arizona, PATAYAN im unteren Colorado-Tal.
Die Anasazi-Tradition erreicht im Nordosten Arizonas (zwischen 1100 und 1300) in der PUEBLO-III-PERIODE ihren Höhepunkt. Überall entstehen die Großsiedlungen, die heute noch als Ruinen zu sehen sind: im *Mesa-Verde-Gebiet* von Südwest-Colorado die *Cliffdwellings*, im *Chaco Canyon* die riesigen terrassenförmig zurückgesetzten vierstöckigen Wohnkomplexe, unter denen *Pueblo Bonito* mit mehr als 1200 Räumen der größte ist. Die Großsiedlungen des Chaco Canyon stehen mit entfernten Satellittenstätten durch ein ausgedehntes Straßennetz (Prozessionswege?) in Verbindung. Nach einer anhaltenden Dürre (1276–1299, durch Baumringe datiert) und mit den ersten Einfällen von athapaskischen Jägern und Sammlern aus dem Norden werden die meisten Großsiedlungen aufgegeben. Die Anasazi-Tradition lebt in der heutigen Kultur der Pueblo-Indianer fort.
Im Südwesten lebt auch noch im 20. Jahrhundert die Mehrzahl der Indianer Nordamerikas. Neben seßhaften Bodenbauern (*Pueblo-Indianer* [*Hopi, Zuni, Tano, Keres*], *Pima, Papago, Yuma*) gibt es Jäger und Sammler, darunter die ab 1300 hier eingewanderten *Athapasken* (*Navajo, Apache*). Sie werden erst gegen Ende des 19. Jahrhunderts in harten Kämpfen unterworfen und in Reservationen eingewiesen. Die Pueblo-Indianer leben heute noch in ihren alten Siedlungen und haben ihre traditionelle Kultur weitgehend bewahrt: Erbliches Häuptlingtum, Klanwesen, Regenmagie, Geheimbünde. Die Navajo haben die Ziegen-, Schaf-, Pferde- und Rinderhaltung von den Weißen übernommen und leben bis zur großen Viehreduktion (wegen Überweidung) in den dreißiger Jahren des 20. Jahrhunderts überwiegend als Viehzüchter. Heute gibt es über 200 000 Navajo, die zum größten Teil in der großen *Navajo-Indianer Reservation* von Nordost-Arizona leben. Sie haben – nach amerikanischem Vorbild – eine eigene

Stammesregierung aufgebaut, die das indianische Erbe zu erhalten betrachtet: bilinguale Schulausbildung, Förderung alter Traditionen (Teppichweberei, Silberschmuckherstellung), Bewahrung traditioneller religiös-kultischer Vorstellungen in den Krankenheilungs- und Welterhaltungszeremonien.

Nordmexiko

Die ausgedehnte Siedlung von *Casas Grandes* im nördlichen *Chihuahua* (Mexiko) ist im 12. bis 14. Jahrhundert n. Chr. ein bedeutender Handelsknotenpunkt zwischen den formativen Kulturen des Südwestens und den nachklassischen Hochkulturen des zentralmexikanischen Hochlandes. Besonders toltekische Einflüsse haben hier eingewirkt. Noch in aztekischer Zeit spielen die FERNHÄNDLER (*pochteca*) eine hochgeachtete Rolle im Staatswesen. Andere Vorposten Mesoamerikas (*La Quemada, Alta Vista, Zape*) waren von geringem Einfluß auf die Südwestkulturen.

Der Westen

Im GROẞEN BECKEN, zwischen Sierra Nevada und Rocky Mountains sowie in Kalifornien haben sich die spät-archaischen Sammlerkulturen bis zur Ankunft der Europäer (Mitte des 19. Jahrhunderts) im wesentlichen erhalten. So zeigen die Fundinventare von *Danger Cave* und *Hogup Cave* (wie auch anderer Höhlenstationen am Großen Salzsee) über 10 000 Jahre hinweg nur wenig veränderte Artefaktformen und -techniken. Relativ spät und zeitlich befristet entstand unter den Einflüssen der Anasazi-Kultur die FREMONT-KULTUR (900 bis 1300) vor allem in Utah, deren Träger einen marginalen Bodenbau betrieben, Keramik anfertigten (Töpfe, Statuetten) und eine reiche Felsbildkunst schufen. Das Große Becken wird in historischer Zeit von uto-aztekisch sprechenden *Ute, Shoshone* und *Paiute* bewohnt, die heute auf verschiedenen Reservationen in Nevada und Utah leben.

In Kalifornien entsteht gegen Ende der spät-archaischen Periode (4000 bis 2000 v. Chr.) im großen kalifornischen Längstal und anderen Teilen des mittleren Binnenlandes ein intensiver Sammelkomplex, der überwiegend auf einer Frucht basierte, der Eichel. An der südkalifornischen Küste entwickeln sich etwa zur gleichen Zeit Lokalkulturen auf der Basis von

Küstenfischerei und Molluskensammeln. Aus ihnen entsteht mit Beginn der spät-pazifischen Periode (um 500 n. Chr.) eine hochentwickelte maritime Kultur (*Canaliño*), aus der sich die historische CHUMAS-KULTUR herleitet. Die historischen Indianer Kaliforniens gehören zahlreichen verschiedenen Sprachfamilien an, zeigen aber durch die fast überall verbreitete Eichelsammelwirtschaft, die eine dichte Bevölkerung ernähren konnte, viele gemeinsame Züge. Die meisten Kalifornier des Binnenlandes leben in großen Dörfern und sind in Stämme organisiert. Mit über 300 000 Indianern ist Kalifornien der dichtest besiedelte Raum Nordamerikas in voreuropäischer Zeit. Nach dem *Gold Rush* von 1848 werden viele Indianer getötet und aus ihrer Heimat vertrieben. Heute gibt es in Kalifornien nur wenige Reservationen; die meisten Indianer – auch aus anderen Teilen der USA – leben in den großen Städten und haben sich der amerikanischen Lebensweise angepaßt und stark vermischt.

Der Nordwesten

An der Nordwestküste Nordamerikas, zwischen Südalaska und der Mündung des Columbia River, entsteht aus einer Molluskensammlerkultur, die archäologisch vor allem an der Fraser River-Mündung gut belegt ist, in einer Kombination mit Küstenfischern des Nordens (*Queen Charlotte Islands*, nördliche Küste von British Columbia) bereits um 7000 v. Chr. eine stabile FISCHER-KULTUR, aus der die historischen Nordwestküsten-Indianer hervorgegangen sind. Die Indianer dieser schmalen Küstenzone gehören verschiedenen Sprachfamilien an, zeigen aber ein sehr einheitliches Kulturbild. Von Nord nach Süd sind die wichtigsten Stämme: *Tlingit, Haida, Tsimshian, Kwakiutl, Nootka, Küsten-Salish.* Der große Fischreichtum der Küstengewässer (Lachse, Heilbutt, Hering, Dorsch, Stint) bietet eine gesicherte Lebensbasis. Der Holzreichtum (Zedern) ermöglicht eine reiche Kulturausstattung auf materiellem Gebiet: große Plankenhäuser, Einbäume mit aufgesetzten Planken, Wappenpfähle mit Darstellungen von Ahnentieren (sog. Totempfähle), Zederbastdecken usw. Ein eigener Kunststil (Doppelprofildarstellungen in Malerei und Schnitzkunst) entsteht. Die Gesellschaft ist hierarchisch gegliedert. Bei der Übernahme von Ämtern und gesellschaftlichen Positionen im Gefüge des Dorfes sowie bei anderen Anlässen (Initiationszeremonien) werden Verdienstfeste (Potlatche) gefeiert. Dabei werden viele, zu diesem Zweck akkumulierte Güter vernichtet oder verschenkt (Fischöl, Decken, Kupferplatten, Sklaven), um soziales Prestige zu gewinnen. Matriklane und -moieties bilden im Norden und im zentralen Teil die Sozialstruktur. Mit dem Zusammenbruch dieser reichen Kultur (durch eingeschleppte Krankheiten und starken Assimilationsdruck) geht die Bevölkerungszahl zurück, traditionelle Daseinsformen verschwinden und politische und soziale Strukturen lösen sich auf. Nach Aufhebung des Verbotes des Potlatch und anderer religiös-kultischer Zeremonien entwickelt sich langsam wieder eine indianische Identität, die sich vor allem in modernen Kunstformen auf traditioneller Basis äußert.

Das neuzeitliche Amerika

Die durch die neuzeitlichen Entdeckungen in den Erfahrungshorizont und Aktionsradius der Europäer gerückte westliche Hemisphäre bleibt für drei Jahrhunderte KOLONIALER ERWEITERUNGS- UND AUSBEUTUNGSRAUM der Alten Welt. Erst mit der Emanzipation der dreizehn britischen Kolonien in Nordamerika gegen Ende des 18. Jahrhunderts und der spanischen und portugiesischen Kolonien in Lateinamerika zu Beginn des 19. Jahrhunderts gewinnt sie weltwirtschaftlich und weltpolitisch ein größeres Eigengewicht. Im 19. Jahrhundert wird Nordamerika zum gesellschaftspolitischen Orientierungszentrum liberaler Bewegungen. Im 20. Jahrhundert übernehmen die Vereinigten Staaten eine FÜHRUNGSROLLE in der Auseinandersetzung globaler Blocksysteme. Lateinamerika bleibt wirtschaftlich hinter der Entwicklung Nordamerikas zurück, sucht aber seinen Eigenweg gegenüber dem mächtigen nordamerikanischen Nachbarn zu behaupten.
Die Entwicklungen der beiden Teilkontinente, des überwiegend angelsächsisch geprägten Nordamerika und des durch jahrhundertelange spanisch-portugiesische Herrschaft geprägten Lateinamerika, unterscheiden sich in charakteristischen Zügen: ENGLISCH wird zur führenden Sprache in KANADA und den VEREINIGTEN STAATEN, SPANISCH bzw. PORTUGIESISCH im IBERISCHEN AMERIKA. Früh geübte religiöse Toleranz führt zu konfessioneller Vielfalt mit PROTESTANTISCHEM ÜBERGEWICHT im NORDEN. Die beherrschende Macht der KATHOLISCHEN KIRCHE führt zu weitgehender konfessioneller Uniformität IM SPANISCH-PORTUGIESISCHEN MITTEL- UND SÜDAMERIKA. In der Karibik und in Guayana, wo verschiedene europäische Mächte Besitzungen hatten (oder noch haben), wirkten entsprechend vielfältige kulturelle Einflüsse (spanische, englische, französische, niederländische).
Die Geschichte Nordamerikas ist durch unentwegte gesellschaftliche Mobilität und expansive Dynamik bestimmt, während Lateinamerika über längere Phasen seiner Geschichte in gesellschaftlicher Statik verharrt und erst im 20. Jahrhundert soziale Revolutionen und Reformen größeren Ausmaßes erlebt. Während die weiße Einwanderer- und Pioniergesellschaft im Norden unter Verdrängung und Dezimierung der Indianer und langer Niederhaltung des schwarzen Bevölkerungselements das Leben maßgeblich bestimmt, ist für Lateinamerika trotz anfänglicher heftiger Auseinander-

setzung zwischen weißen Eroberern und indianischer Bevölkerung und einer bis heute scharf ausgeprägten sozialen Schichtung in Arme und Reiche das Zusammenleben ethnisch verschiedener Bevölkerungsteile kennzeichnend.
Vielfache Bemühungen zur Herstellung einer panamerikanischen Solidarität im 19. und 20. Jahrhundert bleiben angesichts der genannten großen Unterschiede der Teilkontinente von begrenzter Wirkung.

Kolonialgeschichte Nordamerikas bis 1763

Aus den Nordamerikafahrten, die die Wikinger von Grönland aus unternehmen, zuerst unter LEIF ERIKSON um das Jahr 1000 n. Chr. (Siedlungsfunde bei L'Anse aux Meadows, Neufundland), mit Fortsetzungen wohl bis ins 14. Jahrhundert, ergibt sich keine dauerhafte Verbindung Europas mit den Gebieten jenseits des Atlantik. Die Fahrten des Kolumbus und der mit und nach ihm seit 1492 hinübersegelnden Konquistadoren führen hingegen in Mittel- und Südamerika zur Errichtung der IBERISCHEN KOLONIALREICHE. Durch eine PÄPSTLICHE BULLE von 1493 und durch den spanisch-portugiesischen VERTRAG VON TORDESILLAS (1494) wird geregelt, wem die damals insgesamt neu entdeckten Weltteile gehören sollen: Eine Nord-Süd-Linie durch den Atlantik, 370 Meilen westlich der Kapverden, teilt die ostwärts aufgefundenen oder noch aufzufindenden Länder Portugal, die westlich liegenden Spanien zu.
Die Tatsache, daß ein noch nicht entdeckter Teil Südamerikas über die Linie nach Osten hinausragt, führt später zur portugiesischen Besitzergreifung von Brasilien. Auch die erst später entdeckten nordöstlichen Küstengebiete Amerikas – Neufundland, Labrador und Neubraunschweig – scheinen sich nach der zeitgenössischen (falschen) Kartographie über die Grenzlinie nach Osten zu erstrecken. Portugal war also nach der europäischen Absprache für diese Region zuständig. Wie aber die Spanier angesichts ihrer einträglichen Eroberungen in Mittel- und Südamerika die weniger attraktiven nördlichen Gebiete minder beachten – nur einige Konquistadorenzüge führen nach Florida und in die Gebiete nördlich und nordwestlich des Golfs von Mexiko –, vernachlässigen die Portugiesen, die profitable Handelsniederlassungen in Ostindien errichten, den Nordosten Amerikas. Der nordamerikanische Teilkontinent – ohne Hochkulturen und Indianerreiche, von denen sich die Eroberer angelockt fühlen könnten – wird erst nach einer längeren Übergangsphase der Erkundung und Durchdringung zum Ziel europäischer Siedlungsunternehmungen und Koloniegründungen.
Rivalisierende europäische Seemächte, von denen aus die iberischen Eroberungen mit Neid beobachtet worden sind und die sich weder durch die päpstliche Bulle noch durch den iberischen Vertrag gebunden sehen, wollen selbst ihr Glück im Norden Amerikas versuchen. Bei Neufundland

gibt es reiche FISCHGRÜNDE, die auszubeuten sind, und mit den Indianern auf dem Festland läßt sich ein lukrativer PELZHANDEL in Gang setzen. Auch besteht Hoffnung, daß sich eine NORDWESTPASSAGE um den neuen Kontinent herum nach Asien finden läßt. Schließlich kommen SIEDLUNGSINTERESSEN hinzu. Um die Erforschung und Kolonisation bemühen sich im 16. Jahrhundert Spanier, Portugiesen, Franzosen und Engländer, sowie im 17. Jahrhundert Niederländer und Schweden, im 18. Jahrhundert auch Russen. Die Seemächte konkurrieren und kämpfen hart gegeneinander um Vorrechte und Einflüsse (*„no peace beyond the line“*, nämlich westlich der Azoren).

Europäer in Nordamerika im 15./16. Jahrhundert

Frühe englische Erkundungsreisen

1497–1498 JOHN CABOT (eigentlich Giovanni Caboto; *um 1455, †1498), wohl aus Genua stammend, unternimmt mit königlichem Patent zwei Reisen nach dem Westen, erkundet die Küste Neufundlands (und des Festlands?) und begründet den englischen Anspruch auf Nordamerika. Von der zweiten Reise kehrt er nicht zurück.

Portugiesische Entdeckungsreisen

1500–1503 GASPAR und MIGUEL CORTE REAL fahren mit königlichem Patent nach Neufundland, das vermeintlich (gemäß dem Vertrag von Tordesillas 1494) zur portugiesischen Welthälfte gehört. Reiche Kabeljaubestände locken Fischer aus Portugal und anderen westeuropäischen Ländern nach den Neufundlandbänken.

Französische Entdeckungsreisen

1524–1528 Der italienische Seemann GIOVANNI DA VERRAZANO (*um 1480, †1528) sucht im Auftrag von König Franz I. eine Durchfahrt nach Indien und erkundet die Ostküste Nordamerikas vom heutigen South Carolina über die Bucht von New York bis nach Neuschottland.

1534–1543 Jacques Cartier (* 1491, † 1557) erforscht auf drei Reisen den St. Lorenz-Golf und den St. Lorenz-Strom bis in die Gegend von Québec und Montreal. Er begründet den französischen Besitzanspruch auf diese Region. Zwischen Franzosen und Indianern entwickelt sich der Pelzhandel.

Spanisches Vordringen im Süden

1513 Von Puerto Rico aus erkundet Juan Ponce de Leon (* 1460, † 1521) die Ost- und Westküste Floridas. Weitere Unternehmungen folgen: Francisco de Gordillo nach South Carolina (1521), Estévan Goméz von Neuschottland entlang der Ostküste nach Süden (1524) u.a.

1539–1543 Eine Expeditionstruppe unter Hernando de Soto (* um 1500, † 1542), Gouverneur von Kuba, erkundet von Florida aus das Land nördlich des Golfs von Mexiko. Zur gleichen Zeit, 1540–1542, findet eine Expedition unter Francisco Vázquez de Coronado (* um 1500, † 1554) nach Neumexiko statt. Siedlungen der Pueblo-Indianer werden erobert, der Grand Canyon wird entdeckt, die Suche nach den legendären Sieben Goldenen Städten bleibt ergebnislos.

1542–1543 Juan Rodriguez Cabrillo und Bartolome Ferrelo segeln an der Küste Kaliforniens entlang und nehmen das Land für Spanien in Besitz.

Die Suche nach der Nordwestpassage

1576–1578 Der englische Seefahrer Martin Frohisher (* 1535, † 1594) sucht auf drei Reisen den nördlichen Seeweg um Amerika nach Asien und gelangt nach der Baffin-Insel (Frobisher Bay) und in die Hudson-Straße.

1577–1580 Francis Drake (* 1540, † 1596) segelt durch die Magellan-Straße in den Pazifik, überfällt spanische Schiffe und Hafenplätze, erkundet Kalifornien (Bucht von San Francisco?) sucht aber vergeblich den Westausgang der Passage.

Das Verhältnis der Europäer zu den Indianern Nordamerikas ist durch Kooperation und friedlichen Warentausch, durch Missionierungsversuche, mehr und mehr aber auch durch erbitterte Konflikte und Verfolgungen (gelegentlich Versklavung) gekennzeichnet. Europäische Siedlungsversuche schlagen zunächst fehl (harte Lebensbedingungen, Krankheiten, Auseinandersetzungen mit Indianern, Rivalitäten mit Europäern anderer Nationalität). Spanier scheitern z.B. unter PONCE DE LEON in Florida (1521), LUCAS VÁSQUES DE AYLLÓN an der Küste der Carolinas (1526) und TRISTÁN DE LUNA an der Golfküste (1559), Franzosen unter JACQUES CARTIER am St. Lorenz-Strom (1541/1542) und JEAN RIBAUT an der Küste des späteren South Carolina (1562–1564), Engländer unter SIR HUMPHREY GILBERT (*um 1539, † 1583) auf Neufundland (1583) und SIR WALTER RALEIGH (* 1552, † 1618) auf der Insel Roanoke, nördlich von Kap Hatteras, später zu North Carolina gehörend (1584 bis 1586/1587). Raleighs „verlorene Kolonie" hatte nach der unverheirateten englischen Königin Elisabeth I. den Namen „Virginia" erhalten.

Koloniegründungen im 17./18. Jahrhundert

Das Ende der Hugenottenkriege in Frankreich (1598), der Friedensschluß zwischen England und Spanien (1604), die Entfaltung des überseeischen Handels, merkantilistisches Wirtschaftsdenken, soziale Nöte der ländlichen und städtischen Bevölkerung und religiöses Dissidententum bilden den Hintergrund für die Errichtung zahlreicher europäischer Kolonien im ersten Drittel des 17. Jahrhunderts. Engländer und Franzosen, zeitweilig auch Niederländer und Schweden setzen sich an der amerikanischen Ostküste nördlich des spanischen Kolonialreiches fest. Träger der Kolonien sind mit Freibriefen (Charters) ausgestattete Handelsgesellschaften und individuelle Eigentümer, auch religiöse Gruppen. Infolge wachsender administrativer Schwierigkeiten werden die meisten Kolonien später unter die direkte Kontrolle des Mutterlandes gestellt (*royal colonies*). Statt anfangs vorherrschender Handelsinteressen prägen Auswanderung und Siedlung zunehmend den englischen Kolonisationsprozeß. Neben Angehörigen der genannten Nationen beteiligen sich viele andere Europäer, besonders schottisch-irische und deutsche Einwanderer, an der Besiedlung.

Frühe englische Koloniegründungen

1606 König JAKOB I. stellt englischen Kaufleuten einen Freibrief für Koloniegründungen in „Virginia“ aus. Der London Company steht ein Küstenstreifen zwischen dem 34. und 41., der Plymouth Company ein Küstenstreifen zwischen dem 38. und 45. Breitengrad zur Verfügung.
Nur die London Company ist erfolgreich:

1607 13. Mai Am James River wird JAMESTOWN gegründet, die Keimzelle der Kolonie Virginia. Nach anfänglichen Schwierigkeiten verhilft der TABAKANBAU der Kolonie zum wirtschaftlichen Erfolg.

1619 Das erste Kolonialparlament tritt zusammen. Die Hauptstädte Virginias sind: Jamestown, 1699 Williamsburg, 1779 Richmond.
Ein niederländisches Schiff bringt die ersten 19 schwarzen Sklaven nach Nordamerika.

1620 25. Dez. Die „PILGERVÄTER“ (Puritaner, die zunächst von England nach Holland ausgewandert waren) landen in der Nähe vom Cape Cod und gründen *Plymouth Plantation*. Auf ihrem Schiff, der „Mayflower”, haben sie eine Vereinbarung (Compact) unterzeichnet, derzufolge Regierung und Gesetze aus gemeinsamen Beschlüssen hervorgehen sollen, ohne daß damit die Loyalität zur Krone aufgegeben wird. Weitere Koloniegründungen in Neuengland, vor allem durch Puritaner, folgen:

1630 Für die MASSACHUSETTS BAY COMPANY (Freibrief 1629) errichtet Gouverneur John Winthrop (* 1588, † 1649) Puritanersiedlungen (u. a. Boston), die in der Folgezeit großen Zulauf von Einwanderern erhalten. Eine theokratische Staatsordnung entsteht (*Holy Commonwealth*). Dissidenten werden verbannt oder ziehen freiwillig fort. Roger Williams (* 1603, † 1683) und Anne Hutchinson (* 1591, † 1643) errichten 1636/1638 die Kolonie RHODE ISLAND (Trennung von Staat und Kirche), andere Puritaner gründen 1636 CONNECTICUT (Thomas Hooker; * 1586, † 1647). Landvergabe und Siedlungen nördlich von Massachusetts (seit 1622) führen zur Entstehung der Kolonie NEW HAMPSHIRE (1679 königliche Provinz).

1632 George Calvert, Lord Baltimore (* um 1580, † 1632), erhält von König Karl I. einen Freibrief für das Gebiet nördlich des Potomac (an der Chesapeake Bay). Sein Sohn
1634 gründet die Kolonie Maryland, die vor allem Katholiken offensteht.

Französische Koloniegründungen

1604 Der Hugenotte Pierre de Monts gründet Port Royal (heute Annapolis, Neuschottland), die erste französische Niederlassung in Nordamerika (Akadien).
1608 Samuel de Champlain (* um 1570, † 1635) gründet Québec am St.-Lorenz-Strom (Neu-Frankreich).
1627 Der leitende französische Minister, Kardinal Richelieu, gründet zur Erschließung der französischen Gebiete die Compagnie de la France-Nouvelle; 1633 gibt die Gesellschaft ihre Rechte an die Krone zurück.
Pelzhandel und Indianermission führen die Franzosen ins Hinterland, zu den Großen Seen, ins Mississippi-Becken und den Mississippi hinunter bis zur Mündung (René Robert de la Salle, 1682). Handelsposten und Missionsstationen werden errichtet, der französische Besitzanspruch wird weit ausgedehnt (Louisiana), 1718 New Orleans gegründet. Die Einwanderung französischer Siedler nach Nordamerika bleibt jedoch zahlenmäßig weit hinter der Einwanderung in die englischen Kolonien zurück. Die Feudalordnung des Mutterlandes wird auf die französischen Kolonien übertragen.

Neu-Niederlande und Neu-Schweden

1624 Nach einer Erkundungsreise (1609) des Engländers Henry Hudson (* um 1550, † 1611) und der Gründung der Holländisch-Westindischen Gesellschaft (1621) setzen sich die Niederländer am Hudson River, zwischen Virginia und Neuengland, fest. Sie errichten die Kolonie Neu-Niederlande mit dem Fort Oranje, heute Albany, (1624) und

Neu-Amsterdam (1625) unter PETER MINUIT (niederländisch: Minnewit; Gouverneur 1626–1631; * 1580, † 1638).

1638 Eine Expedition der Neuschwedischen Handelsgesellschaft errichtet am Delaware Fort Christina, heute Wilmington, und gründet die Kolonie NEU-SCHWEDEN.

1655 PETER STUYVESANT (* 1592, † 1672), Gouverneur von Neu-Amsterdam, erobert Fort Christina und beendet das schwedische Kolonialexperiment in Nordamerika.

1664 Vor Beginn des 2. Englisch-Niederländischen Seekrieges (1664–1667) bemächtigen sich die Engländer der Neu-Niederlande (Besitzübertragung im Frieden von Breda 1667 bestätigt). Die niederländische Kolonialzeit in Nordamerika ist zu Ende. Aus Neu-Amsterdam wird NEW YORK. Entlang der Ostküste Nordamerikas entsteht zwischen Neu-Frankreich im Norden und Neu-Spanien im Süden eine geschlossene Kette englischer Kolonien.

Spätere englische Koloniegründungen

1663 Nachdem frühere Patente nicht zur Besiedlung führten, gibt König KARL II. das Gebiet der CAROLINAS an acht hohe englische Adlige (unter ihnen der spätere Earl of Shaftesbury). 1721 wird SOUTH CAROLINA, 1729 NORTH CAROLINA, königliche Kolonie. Tabak und Mais im Norden, Reis und Indigo im Süden werden zu wichtigen Exportgütern.

1664 Die Neu-Niederlande sind von Karl II. bereits vor der Eroberung seinem Bruder, dem Herzog von York (später Jakob I.), zugesprochen worden. Dieser übernimmt das Gebiet von NEW YORK als EIGENTÜMERKOLONIE. 1689 kommt es wieder unter die Kontrolle der Krone. Das Repräsentativsystem wird eingeführt. Das Gebiet zwischen Hudson und Delaware, vom Herzog von York in andere Hände weitergegeben, wird 1702 zur Kronkolonie NEW JERSEY.

1681 Karl II. bewilligt dem Quäker WILLIAM PENN (* 1644, † 1718) einen Freibrief für das Gebiet westlich des Delaware und nennt die neue Eigentümerkolonie zu Ehren von

Penns Vater, dem er 16 000 Pfund geschuldet hat, PENNSYLVANIA. Die Kolonie (Penns *Holy Experiment*) wird Zufluchtsstätte für verfolgte Quäker und andere Dissidenten. Sie soll auch gute Beziehungen zu den Indianern unterhalten.

1682 PHILADELPHIA, die „Stadt der Bruderliebe", wird gegründet. Neben schottisch-irischen Einwanderern lassen sich viele Deutsche in Pennsylvania nieder. Ein Gebiet westlich der Delaware Bay, vom Herzog von York auf Penn übertragen, erhält als Kolonie Delaware eine getrennte Verwaltung.

1732 Südlich der Carolinas gründet JAMES E. OGLETHORPE (* 1696, † 1785) die Eigentümerkolonie GEORGIA als Pufferzone gegen Neu-Spanien sowie als Siedlungsgebiet für britische Schuldhäftlinge und verfolgte Protestanten. 1752 übernimmt der englische König die Kontrolle.

POLITISCHE VERHÄLTNISSE IN DEN ENGLISCHEN KOLONIEN

Während die Inhaber der Freibriefe bzw. die Krone selbst Gouverneure für die Kolonien einsetzen, denen Beratungsgremien (*Councils*) zur Seite stehen, erhalten die FREIEN SIEDLER, soweit sie Vermögen und gewisse Qualifikationen besitzen, AKTIVES UND PASSIVES WAHLRECHT zur Bildung von Selbstverwaltungskörperschaften (*Assemblies*). Die Kompetenzen der Assemblies umfassen u.a. Gesetzgebung, Steuerermächtigung und Haushaltskontrolle. Im stetigen Ringen mit den Gouverneuren versuchen die Assemblies, die Rechte der Siedler zu erweitern. Die Councils entwickeln sich zu einer Art von oberen Kammern der Legislative. Grundrechte werden in den Freibriefen garantiert. Die Kontrolle des Mutterlandes über die Kolonien liegt zunächst beim Geheimen Staatsrat (*Privy Council*), ab 1696 beim neu errichteten *Board of Trade* als oberster Kolonialbehörde.

GESELLSCHAFT UND WIRTSCHAFT IN DEN ENGLISCHEN KOLONIEN

Die BEVÖLKERUNGSZAHL der englischen Kolonien erreicht durch Vermehrung und neue Einwanderung 1620 etwa 2 000, 1650 etwa 52 000, 1700 etwa 275 000, 1750 etwa 1,2 Millionen und 1776 etwa 2,5 Millionen Einwohner. Führend im politischen Leben sind die FREIEN LANDBESITZER

Die dreizehn englischen Kolonien (Überblick)

		Gründungstyp:	Unter königl. Kontrolle:
Neuengland-Kolonien:			
Massachusetts	1629	Handelsgesellschaft (Massachusetts Bay Company).	1684
New Hampshire	1622/29	Eigentümerkolonie (Fernando Gorges, John Mason).	1679
Rhode Island Connecticut }	1636	Aus Siedlungen hervorgegangene selbständige Gemeinden, 1644 bzw. 1662 mit Freibriefen ausgestattet.	–
Mittlere Kolonien:			
New York	1664	Eigentümerkolonie (Duke of York).	1689
New Jersey	1664	Eigentümerkolonie (John Lord Berkeley, George Carteret).	1702
Pennsylvania	1681	Eigentümerkolonie (William Penn).	–
Delaware	1664	Eigentümerkolonie (Duke of York).	–
Südliche Kolonien:			
Maryland	1632	Eigentümerkolonie (George Calvert/Lord Baltimore).	(1691–1715)
Virginia	1607	Handelsgesellschaft (London Company).	1624
North Carolina South Carolina }	1663	Eigentümerkolonie (Gruppe von acht Adeligen).	{ 1729 1721
Georgia	1732	Eigentümerkolonie (James Edward Oglethorpe).	1752

(*Freemen*). Viele Einwanderer sind zunächst nicht frei, sondern haben sich zu mehrjährigen Diensten verpflichtet, um ihre Überfahrtskosten abzuarbeiten (sog. *Redemptioners, Indentured Servants*). Sie decken den starken Bedarf an Arbeitskräften in der Pioniergesellschaft. Nur diese Existenzweise ermöglicht vielen armen Europäern die Einwanderung. Nach drei oder erst nach fünf Jahren erhalten sie etwas Land als Eigentum und sind frei. SCHWARZE SKLAVEN gibt es in allen Kolonien, vor allem in den südlichen, wo der Arbeitskräftebedarf auf den Plantagen zunehmend, im 18. Jahrhundert überwiegend durch Sklavenimporte gedeckt wird. Im Jahre

1776 beläuft sich deren Anteil an der Gesamtbevölkerung auf etwa 500 000, d.h. auf 20 Prozent. Die einheimischen Indianer, die das Prinzip des Eigentums an Boden nicht kennen, werden von den landhungrigen weißen Siedlern verdrängt, beziehungsweise in Kämpfen getötet oder unterworfen.

Die BESIEDLUNG des Landesinneren macht schnelle Fortschritte. Ausgehend von den Niederlassungen an der Ostküste, schiebt sich die Siedlungsgrenze (Frontier) nach Westen vor. In Neuengland stoßen Kolonisten in das Tal des Connecticut, nach Vermont, New Hampshire und Maine vor. In New York siedeln u.a. Deutsche am Hudson und Mohawk River. In Pennsylvania sind bis 1750 die Appalachen erreicht, in Virginia wird zwischen 1730 und 1750 bereits das Shenandoah-Tal besiedelt. Die Gebietsansprüche der Kolonien reichen im Westen bis an den Mississippi, jedoch befindet sich das Land westlich der Appalachen in Händen von Indianern und Franzosen. Die Erschließung des Waldlandes geht etappenweise vor sich: 1. Jäger und Pelzhändler, 2. Farmer, 3. Handwerker und Kaufleute (Stadtbewohner). So beginnt in der Kolonialzeit der PROZEß DER WESTWANDERUNG, der im 19. Jahrhundert zur Besiedlung ganz Nordamerikas bis zum Pazifik führt („wandernde Grenze").

Die WIRTSCHAFTSFORMEN in den Kolonien sind durch Unterschiede des Bodens und des Klimas bedingt. Neben europäischen Getreidearten (Weizen, Roggen, Gerste, Hafer) wird vor allem einheimischer Mais und aus Madagaskar importierter Reis (South Carolina) angebaut. Im hügeligen Neuengland und in den mittleren Kolonien dominiert die FARMWIRTSCHAFT, in den südlichen Kolonien bildet sich eine ertragreiche PLANTAGENWIRTSCHAFT heraus, die zunehmend mit schwarzen Sklaven betrieben wird. Tabak, dessen Anbau von Indianern übernommen wird, ist das Hauptexportgut der Kolonialzeit.

HANDEL UND GEWERBE, SCHIFFAHRT UND SCHIFFBAU entfalten sich vornehmlich in Neuengland und in den mittleren Kolonien, wo günstige Küstenverhältnisse die Entstehung großer Häfen fördern, vor allem Boston, New York, Philadelphia, Baltimore (Maryland). Entsprechend dem System des MERKANTILISMUS kommt den Kolonien die Rolle des Rohstofflieferanten und des Abnehmers von Manufakturwaren zu. Die ENGLISCHEN NAVIGATIONSGESETZE (1651–1696) schließen ausländische Schiffe vom Handel zwischen den Kolonien und dem Mutterland aus. Ausländische Schiffe dürfen auch aus anderen Ländern die Kolonien nicht anlaufen. Wichtige Produkte der Kolonien dürfen nur nach englischen Häfen ausgeführt werden (u.a. Tabak, Zucker, Indigo, später auch Reis,

Melasse, Biberfelle), europäische Manufakturwaren dürfen nur von englischen Häfen eingeführt werden.
Da der amerikanische Bedarf an Manufakturwaren, besonders an Textilien und Werkzeugen, den englischen Bedarf an Produkten aus den Kolonien übersteigt, entwickelt sich in mannigfacher Weise das SYSTEM DES DREIECKSHANDELS (siehe Seite 58).
Das RELIGIÖSE LEBEN entfaltet sich in den englischen Kolonien infolge des großen Dissidentenanteils an der Einwanderung vielfältig und wandlungsreich. Während die ANGLIKANISCHE KIRCHE in Virginia gesetzlich gegründet wird, formiert sich in Neuengland das *Holy Commonwealth* der PURITANER (Calvinisten). Die HOLLÄNDISCH-REFORMIERTE KIRCHE wird in den Neu-Niederlanden (New York) eingeführt; die KATHOLISCHE KIRCHE – im französischen und spanischen Kolonialreich fest etabliert – findet Eingang in Maryland. In Rhode Island gründet Roger Williams die erste BAPTISTENGEMEINDE. LUTHERISCHE GEMEINDEN existieren in Neu-Schweden, die lutherische Kirche Amerikas organisiert Heinrich Mühlenberg 1748 in Philadelphia. QUÄKER siedeln vor allem in Pennsylvania. MENNONITEN UND QUÄKER aus Deutschland unter Franz Daniel Pastorius gründen 1683 Germantown (erster öffentlicher Protest gegen die Sklaverei 1688). Schottisch-irische Einwanderer und Puritaner errichten 1718 die erste PRESBYTERIANISCHE SYNODE in Philadelphia. Begünstigt durch religiöse Toleranz, folgen zahlreiche weitere Kirchengründungen in allen Kolonien.
Erwerbsfleiß, strenge Moral, tiefe Frömmigkeit und Intoleranz in Glaubensfragen kennzeichnen den PURITANISMUS in Neuengland, der auf der Vorstellung eines Bundes zwischen Gott und dem auserwählten Volk (Covenant) beruht. Max Weber hat in seiner Schrift „Die protestantische Ethik und der Geist des Kapitalismus“ (1920) die umstrittene These von einer Verbindung zwischen calvinistischem Erwählungsglauben und wirtschaftlichem Unternehmungsgeist aufgestellt. Unter den geistlichen Führern der *Mather Dynasty* (1635–1728), RICHARD MATHER (* 1596, † 1669), INCREASE MATHER (* 1639, † 1723), COTTON MATHER (* 1663, † 1728), erlebt das *Holy Commonwealth* seine schärfste theokratische Ausprägung, aber auch seine Wendung zu weltlicheren Ordnungsformen. Abscheu über die Hexenprozesse in Salem (1692/1693) trägt zur Lockerung des orthodoxen Systems bei.
Im 17. Jahrhundert entsteht auch ein differenziertes SCHULWESEN. In Massachusetts werden Städte mit mindestens 50 Familien zur Einführung eines Lese- und Schreibunterrichts und Städte mit 100 Familien zur Errichtung von LATEINSCHULEN verpflichtet. In den mittleren Kolonien entstehen

Hauptformen des kolonialen Dreieckshandels

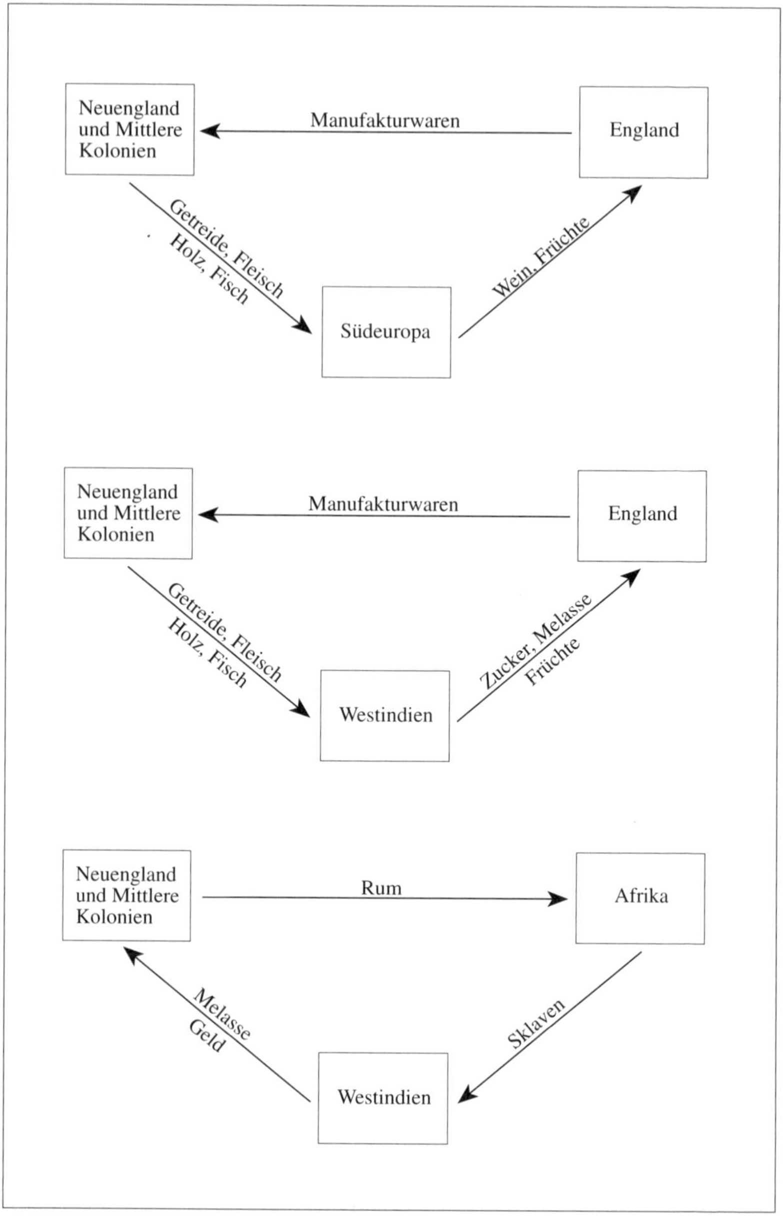

Abb. 2: Die im Jahre 1636 gegründete Havard University, die älteste Universität auf dem Boden der heutigen USA.

KIRCHLICHE SCHULEN, in den südlichen überwiegt neben Privatunterricht das Armenschulwesen. Hochschulen und Universitäten werden gegründet. HARVARD COLLEGE (Massachusetts) 1636, WILLIAM AND MARY COLLEGE (Virginia) 1693, YALE COLLEGE (Connecticut) 1701, COLLEGE OF NEW JERSEY (Princeton University) 1746, FRANKLIN'S ACADEMY (University of Pennsylvania) 1751, KING'S COLLEGE (Columbia College) 1754 u.a. Auch öffentliche Bibliotheken werden bereits im 17. Jahrhundert errichtet (Boston 1653). Der Buchdruck wird eingeführt, Zeitschriften und Zeitungen erscheinen. Besonders in Neuengland, aber auch sonst in den größeren Städten der Ostküste entfaltet sich schnell ein reges geistiges Leben.

Konflikte zwischen den Kolonien

Kollidierende Gebietsansprüche und die mangelhafte Abgrenzung der Besitzverhältnisse führen oft zu bewaffneten Auseinandersetzungen zwischen den Kolonien. AKADIEN (Neuschottland und umliegende Küstengebiete), zunächst in französischer Hand, wechselt mehrmals den Besitzer.

Auch um die Handelsposten an der HUDSON BAY streiten sich Engländer und Franzosen (1670 Gründung der Hudson's Bay Company). Im Ringen um Handelsvorteile und Gebietsansprüche werden Indianerstämme unter Ausnutzung ihrer eigenen Kontroversen für Bündnisse gewonnen.
Kriege zwischen England, Frankreich und Spanien haben in Amerika ihre Parallelen. Europäische Friedensschlüsse umfassen auch Neuregelungen für den überseeischen Besitz.

1642–1653	Der von den Niederländern mit Waffen ausgestattete IROKESENBUND (Bund der fünf „zivilisierten Nationen": Mohawk, Oneida, Onondaga, Cayuga, Seneca) greift die mit den Franzosen Handel treibenden Huronen an, tötet oder vertreibt sie. Auch französische Siedlungen werden überfallen (IROKESENKRIEG).
1689–1697	Im KING WILLIAM'S WAR (Krieg der Augsburger Liga gegen Frankreich unter Ludwig XIV.) überfallen Franzosen im Bündnis mit Indianerstämmen die englischen Kolonien im Norden von Neuengland und New York und bekämpfen die mit diesen verbündeten Irokesen. Der FRIEDE VON RIJSWIJK (1697) stellt für kurze Zeit den Status quo ante wieder her.
1702–1713	Im QUEEN ANNE'S WAR (Spanischer Erbfolgekrieg) finden die Kämpfe ihre Fortsetzung. Franzosen bemächtigen sich Neufundlands, verlieren aber im FRIEDEN VON UTRECHT (1713) Neuschottland, Neufundland und die französischen Posten an der Hudson Bay.
1739–1742	Streitigkeiten zwischen britischen Schmugglern, die das spanische Handelsmonopol in Mittelamerika durchbrechen (Robert Jenkins verliert dabei ein Ohr), führen zum Krieg Englands gegen Spanien: im JENKINS' EAR WAR wird zur See, in Florida und Georgia gekämpft.
1740–1748	Im KING GEORGE'S WAR (Österreichischer Erbfolgekrieg) kämpfen Engländer und Franzosen, verbündet mit Indianern, im Norden Neuenglands und New Yorks. Fort Louisbourg auf der Isle Royale (Cape Breton Island) wird von Engländern erobert, im Frieden von Aachen aber gegen Madras (Ostindien) zurückgetauscht.
1754–1763	Der FRENCH AND INDIAN WAR (der dem Siebenjährigen Krieg parallel läuft, aber früher beginnt) beendet die eng-

lisch-französische Rivalität in Nordamerika. Nach anfänglichen Kämpfen um die Kontrolle im Ohio-Gebiet marschieren Engländer nach Norden und erzwingen die Übergabe Québecs und Montréals (1759/1760). Fort Louisbourg wird abermals erobert. Im FRIEDEN VON PARIS (1763) verliert Frankreich alle seine Besitzungen in Nordamerika an England bzw. an Spanien (Louisiana westlich des Mississippi). Nur New Orleans bleibt in französischer Hand. Der englische Sieg bedeutet: GROßBRITANNIEN WIRD FÜHRENDE KOLONIALMACHT IN NORDAMERIKA. Die Blockade des Hinterlandes der englischen Kolonien (westlich der Alleghanies) fällt fort (Siedlungsabsichten der Kolonisten). Der Sieg stärkt sowohl die britische Empirekonzeption als auch das Selbstbewußtsein der englischen Kolonisten in Nordamerika.

Amerikanische Revolution und Staatsgründung (1763–1789)

Dem Sieg über Frankreich folgt rasch die Entfremdung zwischen den Kolonien und dem Mutterland. Die britische Empire-Konzeption kollidiert mit westlichen Siedlungsabsichten der Amerikaner. Britische Finanzzölle rufen die Opposition der auf ihren freien Status bedachten Kolonisten wach: Steuerforderungen des britischen Parlaments erscheinen unbillig, da Amerikaner in ihm nicht vertreten sind (*no taxation without representation*). Der Konflikt führt zur bewaffneten Auseinandersetzung. Die Kolonien erklären ihre Unabhängigkeit, bilden eine Konföderation und verteidigen ihre Freiheit. Schließlich wird eine Verfassung ausgearbeitet und ein Bundesstaat errichtet. Der Ausdruck AMERIKANISCHE REVOLUTION, bereits von Zeitgenossen verwendet, hat sich für diese Entwicklung trotz mancher Einwände durchgesetzt.

1763 Gegen die Übernahme französischer Gebiete durch die Briten und gegen das Vordringen von Siedlern westlich der Appalachen erheben sich die Indianer unter Führung des Ottawa-Häuptlings Pontiac, sie werden aber 1764 besiegt. Eine PROKLAMATION GEORGS III., König von Großbritannien verbietet den Landerwerb im Westen und stellt das Gebiet zwischen Appalachen und Mississippi als Indianerreservat unter militärische Kontrolle (die Wirksamkeit aber ist begrenzt).

1764 Das britische Parlament beschließt im sog. ZUCKERGESETZ die Erhebung von Einfuhrzöllen auf Zucker, Textilien, Kaffee, Wein u.a. und ruft damit Proteste besonders in Neuengland hervor.

1765 Ein STEMPELSTEUERGESETZ setzt Gebühren für die Ausstellung von Urkunden fest sowie Abgaben auf Zeitungen und Druckschriften, Spielkarten und Würfel. Auf einem New Yorker STEMPELSTEUER-KONGREß erklären Vertreter von neun Kolonien das britische Parlament als unzuständig für diese Maßnahmen. Radikale Demagogen wie Samuel Adams (* 1722, † 1803) verfassen Protestschriften. Britische Importe werden boykottiert.

1766 Das Stempelsteuergesetz wird vom britischen Parlament wieder aufgehoben.

1768 Die TOWNSHEND-GESETZE legen Einfuhrzölle auf Glas, Blei, Farbe, Papier und Tee.

1770 Bei Zusammenstößen zwischen aufrührerischen Bürgern und britischen Truppen kommt es zum sog. BOSTON-MASSAKER (fünf tote Zivilisten). Importboykotte führen zur Aufhebung der Zölle mit Ausnahme des Teezolls.

1773 Auf Anstiften von SAMUEL ADAMS werfen als Indianer verkleidete Bostoner die Teeladung eines Schiffes ins Wasser (BOSTON TEA PARTY).

1774 Das britische Parlament beschließt Strafmaßnahmen: Schließung des Bostoner Hafens bis zur Bezahlung des Schadens, Suspendierung des Freibriefes für Massachusetts (Ernennung des Councils durch den König), Möglichkeit zur Aburteilung politischer Aufrührer in Großbritannien, Möglichkeit zur Einquartierung britischer Soldaten in Privathäusern. Im Québec Act wird u.a. die Provinz Québec bis an den Ohio ausgedehnt.

Gegen die Zwangsgesetze organisiert sich geschlossener Widerstand. Schon seit 1772/1773 existieren in den Kolonien zahlreiche „Korrespondenzausschüsse" zur Verbreitung von Nachrichten und zur Koordinierung von Protesten und Einfuhrboykotten. Jetzt werden überall gemeinsame Beratungen über Gegenmaßnahmen gefordert.

5. Sept. –26. Okt. In Philadelphia treten 56 Delegierte aus allen Kolonien außer Georgia zum ERSTEN KONTINENTALKONGREß zusammen. Sie erklären die Zwangsgesetze für ungerecht und verfassungswidrig, verurteilen die britischen Steuergesetze seit 1763 und die Unterhaltung einer britischen Armee in den Kolonien zu Friedenszeiten und beschließen die Unterbindung des Handels mit dem Mutterland. Obwohl die britischen Staatsmänner WILLIAM PITT D. Ä. (* 1708, † 1778) und EDMUND BURKE (* 1729, † 1797) zur Nachgiebigkeit raten, verfolgen Georg III. und das Parlament einen harten Kurs.

1775–1783 Im AMERIKANISCHEN UNABHÄNGIGKEITSKRIEG lösen sich die Kolonien vom Mutterland. Schlecht ausgerüstete amerikanische Truppen kämpfen gegen gut gedrillte britische

Regimenter (und von deutschen Landesfürsten gemietete Soldaten), die jedoch den Nachteil der langen Verbindungswege haben.

1775 19. April Beim Versuch britischer Truppen, ein Waffenlager der Miliz von Massachusetts auszuheben, kommt es in Lexington und Concord zu schweren Zusammenstößen. Amerikaner belagern Boston.

10. Mai In Philadelphia tritt der ZWEITE KONTINENTALKONGREß zusammen. Er erklärt für die Kolonien den Verteidigungszustand, überträgt GEORGE WASHINGTON (*1732, †1799) den Oberbefehl über die amerikanischen Streitkräfte (15. Juni) und übernimmt Regierungsfunktionen. Eine Friedenspetition (*Olive Branch Resolution*) an den englischen König wird von diesem mit der PROKLAMATION DER OFFENEN REBELLION beantwortet (23. Aug.).

1776 4. Juli Nachdem die Loslösung vom Mutterland öffentlich immer lauter gefordert wird (THOMAS PAINE; *1737, †1809: „*Common Sense*", veröffentlicht am 9. Januar 1776), billigt der Kongreß (bei Enthaltung New Yorks) die im wesentlichen von THOMAS JEFFERSON (*1743,†1826) vorbereitete UNABHÄNGIGKEITSERKLÄRUNG. Sie besteht aus der Präambel mit naturrechtlicher Argumentation (Freiheit und Gleichheit der Menschen, Einsetzung der Regierung durch die Regierten, diesbezüglich Recht zum Widerruf) und einem Sündenkatalog, der Georg III. des Mißbrauchs seiner Herrschaft bezichtigt.

1777 17. Okt. Nach anfänglichen Rückschlägen der amerikanischen Truppen (Bunker Hill, nördlich von Boston 1775; fehlgeschlagene Expedition gegen Québec 1775, Einnahme New Yorks 1776 und Philadelphias 1777 durch britische Truppen) leitet der Sieg von Saratoga (New York) die Wende des Krieges ein. Offiziere aus Europa werden in Dienst genommen: Marquis de Lafayette (*1757, †1834), „Baron" Johann de Kalb (*1721, †1780), Thaddäus Kosciuszko (*1746, †1817), Baron Friedrich von Steuben (*1730, †1794).

15. Nov. Der Kongreß verabschiedet die ARTIKEL DER KONFÖDERATION („ewige Union"), in denen die dreizehn ehemaligen Kolonien dem Kongreß die Kompetenz für äußere Ange-

Abb. 3: Sturz der Statue König Georgs III. in New York am 9. Juli (Holzstich, 19. Jh.).

legenheiten, zwischenstaatliche Probleme, Verteidigung, Münz- und Postwesen und Indianerangelegenheiten geben.

1778 6. Febr Frankreich schließt mit den amerikanischen Freistaaten einen Freundschafts- und Handelsvertrag und einen Allianzvertrag ab. Am 7. Juni beginnt der Krieg Frankreichs gegen England, dem sich Spanien 1779 anschließt. 1780 treffen französische Truppen unter Graf de Rochambeau in Amerika ein.

1781 1. März Die ARTIKEL DER KONFÖDERATION (1777 beschlossen) sind ratifiziert. Aus dem Zweiten Kontinentalkongreß entsteht ein neues Regierungssystem: DIE VEREINIGTEN STAATEN, IM KONGREß VERSAMMELT.

19. Okt. Nach britischen Erfolgen in den Südstaaten (1778–1780) muß die Armee des Generals Charles Marquis von Cornwallis (*1738, †1805) gegenüber amerikanischen und französischen Streitkräften in YORKTOWN (in Virginia, am York River südöstlich von Williamsburg) kapitulieren. Damit ist der Krieg zugunsten der Amerikaner entschieden. König Georg III. erkennt nach einem Präliminarfriedensvertrag (1782) die Unabhängigkeit der ehemaligen Kolonien an.

1783 3. Sept. Im FRIEDEN VON PARIS (Versailles), ausgehandelt von Benjamin Franklin (*1706, †1790), John Adams (*1735,

† 1826) und John Jay (* 1745, † 1829), wird die SOUVERÄNITÄT DER VEREINIGTEN STAATEN anerkannt. Kanada bleibt britisch, die Grenze der Vereinigten Staaten wird nach Norden bis zu den Großen Seen vorverlegt. Der Westen bis zum Mississippi ist für Siedlungen frei.

Bei Kriegsende verlassen neben den britischen Truppen auch etwa 100 000 britische Loyalisten die Vereinigten Staaten. Ihr Land wird enteignet (später werden Entschädigungen geleistet). Aus den britischen Kolonien sind DREIZEHN EINZELSTAATEN mit REPUBLIKANISCHEN VERFASSUNGEN hervorgegangen, in einer lockeren Konföderation vereint. Mit der Unabhängigkeit fallen die seit der *Navigation Acts* bestehenden Außenhandelsbeschränkungen fort. Allerdings werden nun die Häfen Britisch-Westindiens für amerikanische Schiffe geschlossen.

1785 Mit PREUßEN wird ein Freundschafts- und Handelsvertrag abgeschlossen.

1786 Die Schwächen der Konföderation, die besonders bei Handelsproblemen zwischen den Einzelstaaten deutlich werden, erfordern eine Revision der Artikel (ANNAPOLIS CONVENTION).

1787 Mai–Sept. In Philadelphia tritt ein VERFASSUNGSKONVENT zusammen. Unter den 55 Delegierten aus allen Staaten (*Founding Fathers*) befinden sich BENJAMIN FRANKLIN, ALEXANDER HAMILTON (* 1757, † 1804), JAMES MADISON (* 1751, † 1836) und GEORGE WASHINGTON, letzterer als Präsident des Konvents. Die anstehenden Verfassungsprobleme werden u.a. in 85 veröffentichten Essays von Hamilton, Madison und Jay diskutiert („*The Federalist*").

GRUNDZÜGE DER AMERIKANISCHEN VERFASSUNG

Die erste von einer Versammlung ausgearbeitete moderne Gesamtstaatsverfassung beruht auf den Prinzipien der GEWALTENTEILUNG und der VOLKSSOUVERÄNITÄT (mit Repräsentationssystem) sowie auf dem BUNDESSTAATSPRINZIP. Zwischen der Zentralgewalt und den Gliedstaaten werden die Zuständigkeiten sorgfältig verteilt. Der Kongreß als Legislative besteht aus REPRÄSENTANTENHAUS (Volksvertretung) und SENAT (Staaten-

Staatsaufbau der USA

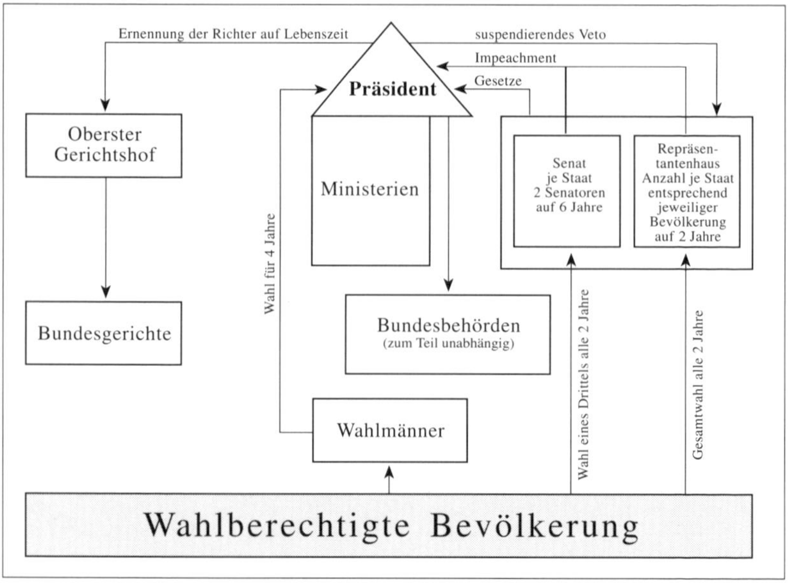

vertretung). Er beschließt über Krieg und Frieden, Heer und Flotte, Verträge mit fremden Staaten, Münzen, Maße und Gewichte, Zölle und Steuern. Der PRÄSIDENT als EXEKUTIVE wird vom Volk durch Wahlmänner für jeweils vier Jahre gewählt. Er ernennt die Beamten und sorgt für die Ausführung der Kongreßbeschlüsse. Er hat ein aufschiebendes Vetorecht, gegen das sich der Kongreß mit Zweidrittelmehrheit durchsetzen kann, und ist Oberbefehlshaber der Armee. Er kann durch das Verfahren des Impeachment seines Amtes enthoben werden. Das OBERSTE GERICHT (JUDIKATIVE) wacht über Verfassung und Rechtsprechung. Gegenüber einer rein ideellen Deutung der Verfassungskonstruktion betonte der Historiker Charles Beard – überspitzt –die persönlich-wirtschaftlichen Motive vieler Delegierter („*An Economic Interpretation of the American Constitution*", 1913).

1787 Die vom Kongreß verabschiedete NORTHWEST ORDINANCE regelt die Expansionsform des Staatsgebietes. Statt einer Gebietserweiterung der Gründerstaaten nach Westen sollen dort neue Staaten gebildet und gleichberechtigt in die Union aufgenommen werden.

1788 Nachdem die meisten Einzelstaaten die Verfassung ratifiziert haben, erklärt der Kongreß, daß das neue Regierungssystem am 4. März 1789 in Funktion tritt.

1789 Die ersten zehn Ergänzungsartikel zur Verfassung, die sog. BILL OF RIGHTS, garantieren GRUNDRECHTE, u.a. Glaubens-, Presse- und Versammlungsfreiheit, Unverletzlichkeit der Person, der Wohnung und des Eigentums (in Kraft 1791). Artikel 10 betont die Rechte der Einzelstaaten und des Volkes gegenüber der Bundesregierung. Bei der Ratifizierung der Verfassung war dies vielfach gefordert worden.

Periode der nationalen Entfaltung (1789–1829)

Mit der Staatsgründung ist das Revolutionszeitalter beendet. Es stellen sich aber neue schwierige Aufgaben: Der Prozeß der politischen Willensbildung muß sich im ERSTEN MODERNEN VERFASSUNGSSTAAT der Welt bewähren. Innen- und Außenpolitik sind zu formulieren. Die Bevölkerung der an Zahl wachsenden Einzelstaaten ist aufgefordert, nationale Fragen gemeinsam zu lösen. STARKES BEVÖLKERUNGSWACHSTUM, WIRTSCHAFTLICHER AUSBAU, DIE ERSCHLIEßUNG DES WEITEN LANDES UND DIE WESTEXPANSION bieten der amerikanischen Pioniergesellschaft große Entfaltungsmöglichkeiten. Parteiengegensätze, drohende Verwicklungen in europäische Auseinandersetzungen, wirtschaftliche Konjunkturfragen, Wachstums- und Expansionsprobleme, die umstrittene Institution der Sklaverei und das Verhältnis der weißen Siedler zu den Indianern stellen sie aber auch auf harte Belastungsproben.

1789 GEORGE WASHINGTON wird von den Wahlmännern zum ERSTEN PRÄSIDENTEN und John Adams zum Vizepräsidenten der Vereinigten Staaten gewählt. Bei der Regierungsbildung erhält Thomas Jefferson das Außenministerium und Alexander Hamilton das Schatzamt. Anschließend tritt der Kongreß zusammen. Das Oberste Bundesgericht nimmt unter John Jay, dem Obersten Richter, seine Arbeit auf.

1789–1793 Während der ersten Amtsperiode George Washingtons kommt es in der Frage der Wirtschafts- und Finanzpolitik zu Parteienbildungen. Die FÖDERALISTEN – vornehmlich im Norden, unter Führung Alexander Hamiltons – wünschen eine starke Zentralgewalt, wirtschaftliche Lenkungsmaßnahmen des Bundes, eine elitäre Regierungspraxis und eine probritische Außenpolitik. Die REPUBLIKANER (auch DEMOKRATISCHE REPUBLIKANER genannt) – vornehmlich im Süden, Sprecher: Thomas Jefferson – bevorzugen eine Stärkung der einzelstaatlichen Gewalt, eine agrarisch-demokratische Gesellschaftsordnung und eine profranzösische Außenpolitik.

Abb. 4: George Washington (1732–1799), 1. Präsident der Vereinigten Staaten

1790 Regierungssitz wird nach New York zunächst PHILADELPHIA (erst 1800 wird die neu errichtete BUNDESHAUPTSTADT WASHINGTON am Potomac-District of Columbia-Regierungssitz).

1791–1803 Die Besiedlung der Gebiete jenseits der Appalachen schreitet schnell voran. Als neue Staaten werden nach VERMONT (1791) auch KENTUCKY (1792), TENNESSEE (1796) und OHIO (1803) in die Union aufgenommen.

1793 G. Washington, für weitere vier Jahre zum Präsidenten gewählt, erklärt im britisch-französischen Konflikt (Erster Koalitionskrieg) die Neutralität der Vereinigten Staaten. Versuche des französischen Gesandten Genet, von Amerika aus gegen Großbritannien Krieg zu führen, werden zurückgewiesen. Jefferson tritt als Außenminister zurück.

1793 Die Erfindung der BAUMWOLLENTKÖRNUNGSMASCHINE durch Eli Whitney (* 1765, † 1825) führt zur Ausweitung der Baumwollproduktion und zur verstärkten Sklavennachfrage.

1794 Im westlichen Pennsylvania erheben sich Farmer gegen die Besteuerung der Whiskey-Erzeugung. Milizen werfen die WHISKEY-REBELLION nieder.

Abb. 5: Schwarze Sklaven an der Baumwollentkörnungs-maschine.

1794 Im umstrittenen JAY-VERTRAG regeln die Vereinigten Staaten und Großbritannien jahrealte Streitigkeiten: Britische Militärposten (und Pelzhandelsstationen) im Nordwesten werden geräumt; Amerika erkennt britische Schuldforderungen aus der Revolutionszeit an.

1795 Im PINCKNEY-VERTRAG werden Grenzfragen mit Spanien geregelt. Die Amerikaner sichern sich die freie Schiffahrt auf dem Mississippi.

1796 Ein Gesetz regelt die VERGABE VON ÖFFENTLICHEM SIEDLUNGSLAND: rechtwinklige Bodenvermessung (Townships zu 6 mal 6 Meilen mit jeweils 36 Sektionen zu je 640 Acres), öffentliche Versteigerung (Mindestpreis 2 Dollar pro Acre, 1820 auf 1,25 Dollar gesenkt), Errichtung von Land Offices.

1797–1801 Nachdem Washington eine erneute Wiederwahl abgelehnt hat (Abschiedsbotschaft vom 17. September 1796), wird JOHN ADAMS (Föderalist) zweiter Präsident der Vereinigten Staaten und THOMAS JEFFERSON (Republikaner) sein Vizepräsident. Wegen der Spannungen mit Frankreich, das

Siedlungsgebiete der Weißen um 1800

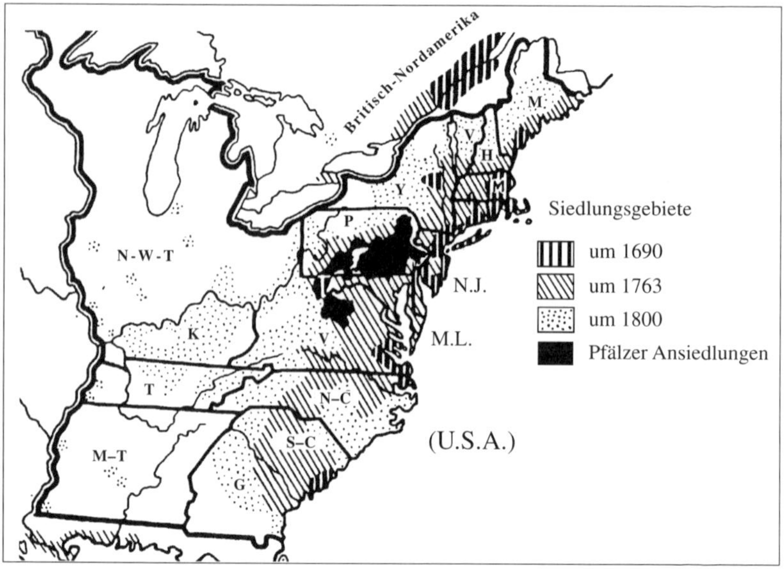

Abkürzungen für Territorien- und Staatennamen

G	Georgia	N. J.	New Jersey
H	New Hampshire	N-W-T	Nordwestterritorium
K	Kentucky	P	Pennsylvania
M	(im Norden) Maine	S.-C	South Carolina
M	(in der Mitte) Massachusetts	T	Tennessee
M. L.	Maryland	V	(im Norden) Vermont
M-T	Mississippi-Territorium	V	(in der Mitte)Virginia
N.-C	North Carolina	Y	NewYork

Maßnahmen gegen die probritische Außenpolitik der amerikanischen Regierung ergreift, verschärfen sich die inneren Parteiengegensätze.

1798 In den FREMDEN- UND AUFRUHRGESETZEN wird die Veröffentlichung regierungskritischer Ansichten mit Geld- und Gefängnisstrafen bedroht. Die Parlamente von Kentucky und Virginia erklären dies für verfassungswidrig, mehr noch: Einzelstaaten hätten ein Recht zur Nichtbeachtung solcher Gesetze (NULLIFIKATION).

Erweiterung des Staatsgebietes im 19. Jahrhundert

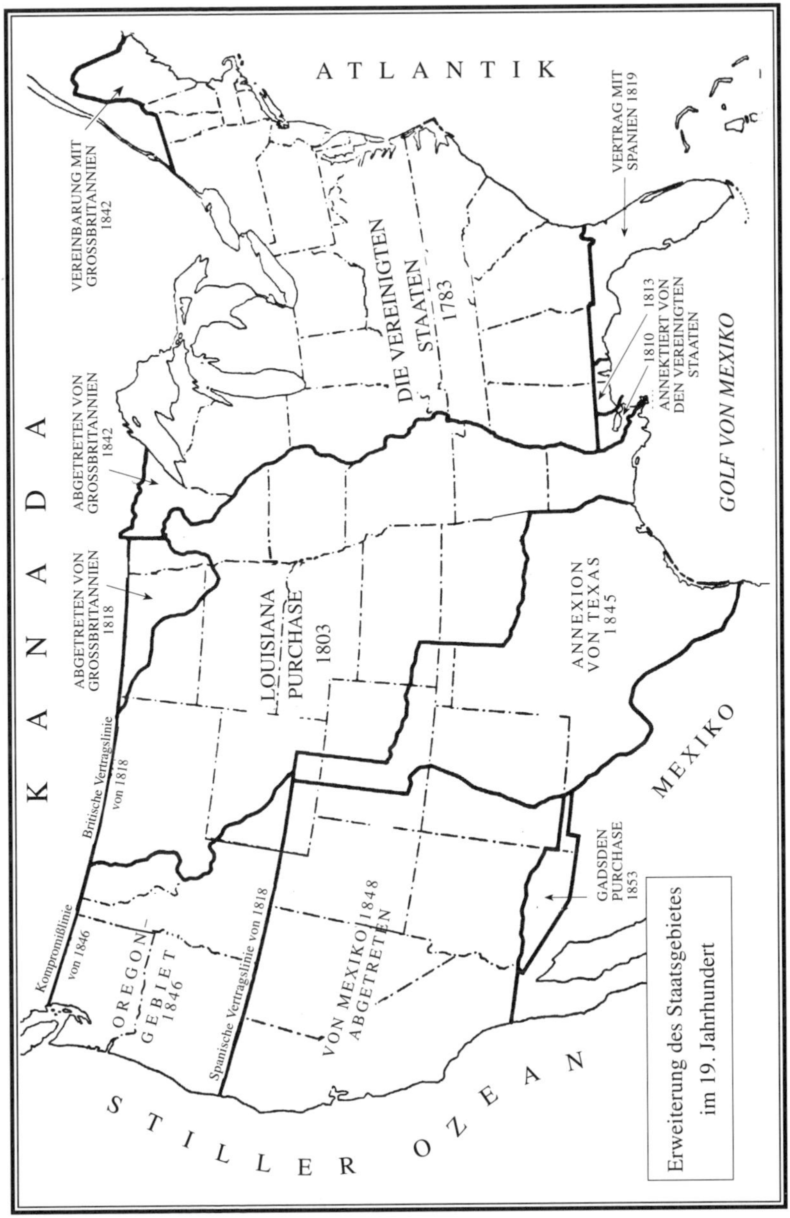

Abb. 6: Thomas Jefferson (1743–1826), 3. Präsident der Vereinigten Staaten

1801–1809 THOMAS JEFFERSON wird nach einem Wahlsieg der Demokratischen Republikaner dritter Präsident der Union („*Jeffersonian Democracy*": strikte Beachtung individueller Freiheitsrechte, sparsame Verwendung öffentlicher Mittel, Begrenzung der Regierungsgewalt). Vizepräsident wird zunächst AARON BURR (*1756, †1836), in der zweiten Amtsperiode Jeffersons GEORGE CLINTON (*1739, †1812). Alexander Hamilton findet 1804 im Duell mit Aaron Burr den Tod.

1801–1805 Im Krieg gegen Tripolis bekämpfen die Vereinigten Staaten das Piratentum im Mittelmeer.

1803 Das LOUISIANA TERRITORIUM zwischen Mississippi und Rocky Mountains (1762 von Frankreich an Spanien abgetreten, 1800 von Napoleon I. zurückerworben) wird für 15 Millionen Dollar gekauft (Verdoppelung des Gebietes der Vereinigten Staaten).

1803–1806 Die mit Bundesmitteln unternommene LEWIS- UND CLARK EXPEDITION, geführt von den Hauptleuten Meriwether Lewis (*1774, †1809) und William Clark (*1770, †1838), über die Rocky Mountains, den Columbia River abwärts bis zum Pazifik begründet Rechtsansprüche auf das Oregon-Gebiet und bahnt außerdem neue Wege für die Westexpansion.

1807–1809 Um Großbritannien und Frankreich, die sich im Wirtschaftskrieg bekämpfen (Kontinentalsperre und englische Gegenblockade), zur Respektierung neutraler Schiffahrtsrechte zu zwingen, beschließt der Kongreß auf Jeffersons Vorschlag das EMBARGO-GESETZ. Die Unterbindung jeglichen Außenhandels schadet aber der eigenen Schiffahrt und Exportwirtschaft und wird 1809 durch ein spezielles Handelsverbot gegenüber Großbritannien und Frankreich ersetzt.

1808 In Übereinstimmung mit Artikel I, Abschnitt 9 der Verfassung, beschließt der Kongreß ein SKLAVENEINFUHRVERBOT.

1809–1817 JAMES MADISON (*1751, †1836, Republikaner) folgt Jefferson im Präsidentenamt. Britische Rückendeckung für die Indianer, die unter Führung des Shawnee-Häuptlings Tecumseh dem Vordringen der weißen Siedler im Westen im Jahre 1811 entgegentreten wollen, schürt die antibritische Stimmung. Dies und die fortgesetzte Mißachtung amerikanischer Neutralitätsrechte im britisch-französischen Konflikt führen zur Kriegserklärung an Großbritannien (mit den Stimmen des Südens und Westens gegen die der Neuenglandstaaten, New Yorks, New Jerseys und Delawares).

1812–1814 Im KRIEG GEGEN GROßBRITANNIEN, dem sog. „zweiten Unabhängigkeitskrieg", versuchen die Amerikaner vergeblich, nach Kanada vorzudringen. England errichtet entlang der amerikanischen Küste eine Seeblockade.

1814 Britische Truppen besetzen für zwei Tage die Hauptstadt Washington und brennen das Kapitol, das Weiße Haus und andere Gebäude nieder. Die Neuenglandstaaten verlangen eine stärkere Berücksichtigung regionaler Interessen gegen die Bundesautorität und wünschen Verfassungsänderungen (Hartford Convention 1814–1815).

1815 8. Jan. Im Süden besiegen amerikanische Truppen unter General Andrew Jackson (*1767, †1845) die Briten in der SCHLACHT BEI NEW ORLEANS. Zuvor (24. Dezember 1814) ist in Gent jedoch bereits FRIEDEN geschlossen worden. Der Status quo ante wird wiederhergestellt.

1815 Algier und andere Berberstaaten werden durch amerikanische Kriegsschiffe zur Aufgabe von Piraterie und zu Tributforderungen gezwungen.

1817–1825 JAMES MONROE (* 1758, † 1831, Republikaner) wird Präsident der Vereinigten Staaten (dritter in der sog. Virginia Dynastie). Die Partei der Föderalisten zerfällt. Nationales Einheitsdenken herrscht vor (*Era of Good Feelings*). Der Ausbau von Wasserwegen und Überlandstraßen fördert die Besiedlung des Westens (1817 Beginn des Dampfschiffsverkehrs auf dem Mississippi, 1817–1825 Bau des Erie-Kanals zwischen Albany und Buffalo). Die ERSTE GROßE EINWANDERUNGSWELLE des 19. Jahrhunderts 1816–1819 (etwa 100 000 Engländer, Iren, Deutsche und Franzosen), veranlaßt gesetzliche Bestimmungen über die Passagebedingungen und über statistische Erhebungen auf Bundesebene.

1819 Nach langen Auseinandersetzungen um Besitzansprüche (u.a. Seminolen-Krieg 1818) verkauft Spanien Florida für 5 Millionen Dollar an die Vereinigten Staaten.

1820 Nach AUFNAHME WEITERER EINZELSTAATEN in die Union (Louisiana 1812, Indiana 1816, Mississippi 1817, Illinois 1818, Alabama 1819) regelt der MISSOURI-KOMPROMIß die Sklaverei in den neuen Staaten: Maine wird als sklavenfreier, Missouri als sklavenhaltender Staat zugelassen (Gesamtverhältnis: 12 Nordstaaten, 12 Südstaaten). Im Louisiana-Territorium nördlich der Breite 36° 30’ wird die Sklaverei verboten.

1823 2. Dez. Gegen weitgehende russische Besitzansprüche an der nordamerikanischen Pazifikküste (Oregongebiet) und vermeintliche Rekolonisationsabsichten der Heiligen Allianz in Lateinamerika erklärt PRÄSIDENT MONROE in einer JAHRESBOTSCHAFT AN DEN KONGREß, 1. daß der amerikanische Doppelkontinent nicht mehr Ziel europäischer Kolonialexpansion sein dürfe, 2. daß das politische System der Alten Welt von dem Amerikas wesensverschieden sei, 3. daß bestehender Kolonialbesitz in Amerika nicht angetastet würde und 4. daß sich die USA nicht in europäische Kriege einmischen würden, es sei denn, ihre eigenen Rechte wären bedroht (sog. MONROE-DOKTRIN).

Das amerikanische Zweiparteiensystem bis zum Bürgerkrieg

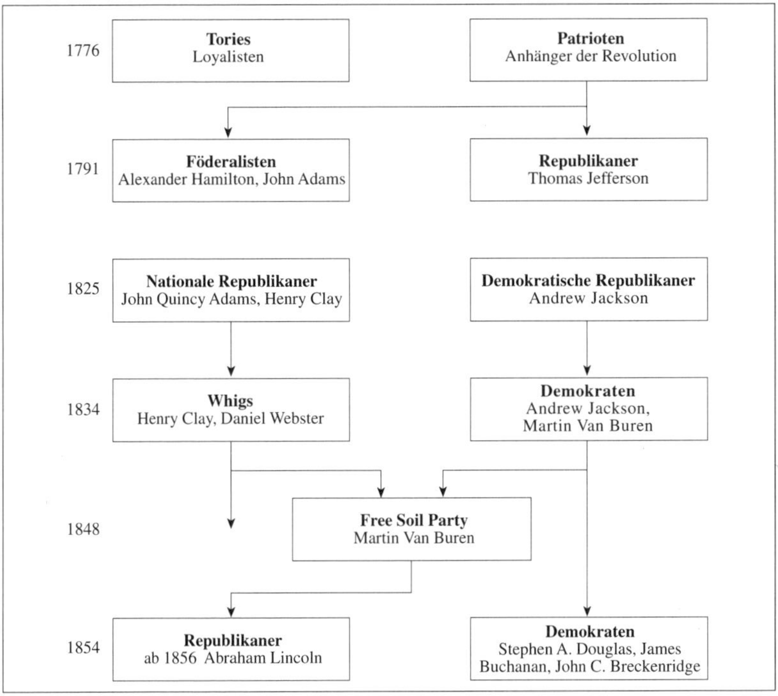

1825–1829 JOHN QUINCY ADAMS (*1767, †1848), Sohn von John Adams, wird Präsident. Der Ausbau des inneren Verkehrs- und Handelssystems wird zügig fortgesetzt. Der zunehmende Gegensatz zwischen dem Norden (Einsetzen der Industrialisierung) und dem Süden (Agrarwirtschaft) manifestiert sich im Kampf um die Schutzzollgesetzgebung. Der hohe Tarif von 1828 (TARIFF OF ABOMINATIONS) wird von South Carolina und anderen Südstaaten für verfassungswidrig erklärt. Neue parteipolitische Spannungen treten auf zwischen den Nationalen Republikanern, die die Zentralgewalt stärken wollen (John Quincy Adams), und den Demokratischen Republikanern, die den nationalen Dirigismus ablehnen und für die Rechte des Volkes eintreten (Andrew Jackson).

„Jacksonian Democracy" und Expansion (1829–1848)

In fast allen Staaten ist das Zensuswahlrecht durch ein allgemeines Wahlrecht für Männer ersetzt. Eine langfristige Demokratisierungswelle verändert die politisch-soziale Ordnung („JACKSONIAN DEMOCRACY"). Reformbewegungen finden starke Resonanz: Abolitionisten bekämpfen die Sklaverei, frühe Arbeiterparteien (Philadelphia 1828) und Gewerkschaften (National Trade Unions 1834) fordern Verbesserungen im Arbeitsrecht, Sozialreformer gründen kooperative Gemeinschaften (u.a. Brook Farm, Mass., 1841–1846), Temperenzgesellschaften bekämpfen den Alkoholismus (1851 gibt es in 13 Staaten Prohibitionsgesetze), Frauen erlangen das Recht der öffentlichen Rede und fordern das Wahlrecht (Konvent von Seneca Falls, New York, 1848). Breite Bevölkerungsschichten werden in den Prozeß politischer Willensbildung einbezogen, Vorrechte einer elitären Oberschicht dagegen eingeschränkt. Die konservative Opposition formiert sich überwiegend in der Whig Party.
Unter dem Schlagwort *„Manifest Destiny"* (John L. O. Sullivan, Democratic Review, 1845) verfolgen die Vereinigten Staaten eine forcierte, weitreichende Expansionspolitik. Die Westwanderung richtet sich nach Durchquerung der Prärie und der Rocky Mountains zunehmend auf

Einwanderung in die Vereinigten Staaten 1820–1991

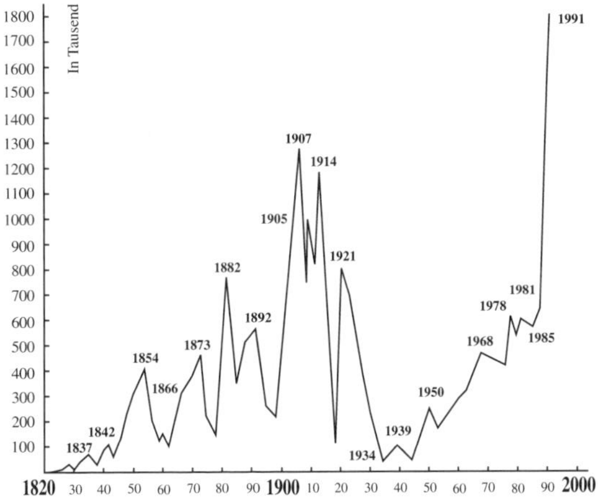

Illegale (ungezählte) Einwanderung, besonders in den 1970er und 1980er Jahren aus Lateinamerika, ist nicht berücksichtigt.

die pazifischen Küstengebiete: seit 1842 „Oregon-Fieber" (Beschreibung durch Francis Parkman, *The Oregon Trail*, 1849), verstärkte Besiedlung Kaliforniens seit 1843, Zug der Mormonen nach Utah (Salt Lake City) 1846. Die Einwanderungszahlen steigen rapide an (im Jahre 1847 erstmalig über eine Viertelmillion). Dementsprechend wachsen einwanderungsfeindliche Bestrebungen. Nativisten bekämpfen den besonders durch die irische Einwanderung verstärkten Katholizismus.

Abb. 7:
Andrew Jackson (1767–1845), 7. Präsident der Vereinigten Staaten

1829–1837 Mit Andrew Jackson (Demokrat, *1767, †1845) aus Tennessee wird erstmals ein Vertreter des Westens Präsident. Er hat sich als Befehlshaber der Miliz im Kampf gegen die Creek-Indianer (1814), als Verteidiger von New Orleans gegen die Briten (1815) und als Kommandeur im Seminolen-Krieg in Florida (1818) militärisch hervorgetan. Im Präsidentenamt sucht er anfangs Rat bei persönlichen Freunden (*„Kitchen Cabinet"*).

1830–1840 Die östlich des Mississippi gelegenen Indianerstämme werden nacheinander in die westlichen Gebiete „umgesiedelt" (*„Indian Removal Policy"*). Die Vorstellung der Regierung, dort dauerhafte Wohngebiete für Indianer einzurichten, erweist sich jedoch mit dem späteren Vordringen der weißen Siedler in die Ebenen des Mittleren Westens als Illusion.

1832 Jackson verhindert durch sein Veto das Weiterbestehen der Nationalbank. Er vertritt die Auffassung, daß diese eine Monopolstellung besäße und verfassungswidrig sei.

1832–1833 Ein neuer Schutzzolltarif, nur wenig niedriger als der von 1828, wird in South Carolina für verfassungswidrig und nichtig erklärt (John C. Calhouns Nullifikationstheorie). Ein Staatskonvent droht mit Sezession. Jacksons Entschlossenheit, die Einheit des Bundesstaates zu erhalten, und ein Kompromißzolltarif beenden die Krise.

1833 William Lloyd Garrison u.a. gründen in Philadelphia die radikale *Antislavery Society.* Aus einem gemäßigten Flügel entsteht 1840 die *American and Foreign Antislavery Society.*

1836 Nach erfolgreichem Aufstand der amerikanischen Siedler gegen Mexiko erkennen die Vereinigten Staaten die Unabhängigkeit von Texas an.

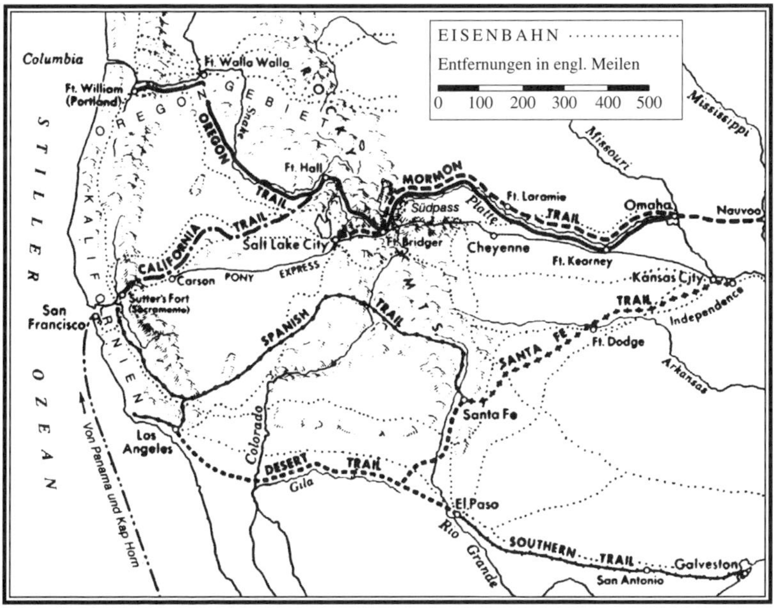

Straßen und Eisenbahnstrecken nach Westen

1837–1841 Präsident Martin Van Buren (Demokrat, * 1782, † 1862) setzt die Politik Jacksons fort. Rücksichtslose Landspeku-
1837 lationen und Kreditgewährung führen zur Wirtschaftskrise.
1841 William Henry Harrison (* 1773, † 1841) wird erster Whig-Präsident (Einführung des Parteienkonvents für Kandidatenwahl und Programmformulierung). Nach seinem frü-
1841–1845 hen Tod übernimmt Vizepräsident John Tyler (* 1790, † 1862) die Nachfolge.
1842 Nach der zunächst erfolglosen Dorr-Rebellion gegen Wahlrechtsbeschränkungen in Rhode Island wird auch in diesem Staat (als letztem der Vereinigten Staaten) das allgemeine Wahlrecht für Männer eingeführt (1843).
1845–1849 Während der Präsidentschaft von James Knox Polk (Demokrat, * 1795, † 1849) werden die Zolltarife gesenkt.
1845 Der Kongreß billigt die Annexion von Texas. Mexiko
1. März bricht die Beziehungen zu den Vereinigten Staaten ab.
2. Dez. In einer Jahresbotschaft an den Kongreß wiederholt Präsident Polk die Grundsätze der Monroe-Doktrin und warnt vor einer Übertragung des europäischen Mächtegleichgewichtsprinzips auf Nordamerika (Polk-Doktrin). Er beansprucht für die Vereinigten Staaten das bislang gemeinsam mit Großbritannien besetzte Oregon-Gebiet.
1846 Im Oregon-Vertrag wird das Gebiet entlang dem 49. Breitengrad geteilt. Der Süden kommt als Oregon-Territorium an die Vereinigten Staaten (spätere Staaten: Oregon, Washington, Idaho).
1846–1848 Nach vergeblichen Bemühungen um den Kauf Neumexikos und Kaliforniens und nach militärischen Zusammenstößen an der Südgrenze von Texas erklären die Vereinigten Staaten den Krieg gegen Mexiko. General Zachary Taylor (* 1784, † 1850) siegt in Nordmexiko in der Schlacht bei Buena Vista. Die Invasionstruppen unter General Winfield Scott (* 1786, † 1866) nehmen Mexico City ein (1847). Im Anschluß daran werden Neumexiko und Kalifornien erobert. Im Frieden von Guadalupe Hidalgo (2. Februar 1848) tritt Mexiko Kalifornien und Neumexiko ab (spätere Staaten: Arizona, Nevada, Kalifornien, Utah und Teile Neumexikos, Colorados und Wyomings). Von 1845 bis 1848 ist der Flächenbesitz der Verei-

Einwanderung in die USA nach Herkunftsländern 1851–1990

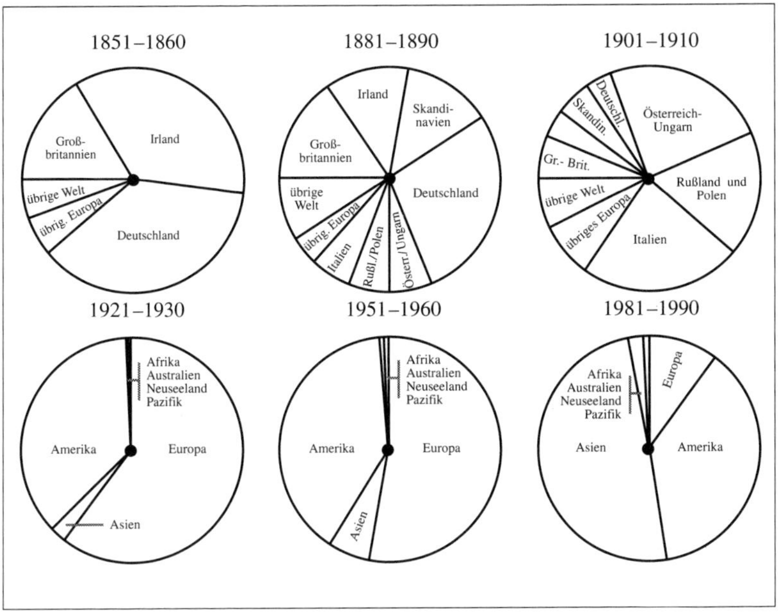

nigten Staaten von 4,63 auf 7,75 Millionen Quadratkilometer gewachsen.

1848 Nach vergeblichen Versuchen im Kongreß, die neu erworbenen Gebiete sklavenfrei zu halten *(„Wilmot Proviso" 1846)*, benannt nach dem Demokraten David Wilmot; (* 1814, † 1868), bilden oppositionelle Whigs und Demokraten die *Free Soil Party*, die die Zulassung neuer Sklaverei-Staaten unterbinden und Heimstätten für eigenständige Siedler schaffen will.

24. Febr. Das Bekanntwerden von Goldfunden im Tal des Sacramento lockt Abenteurer aus der ganzen Welt nach Kalifornien (*Gold Rush* der sog. *„Forty-Niners"*). Bevölkerung Kaliforniens 1846: 10 000, 1852: 250 000.

Nord-Süd-Gegensatz, Bürgerkrieg und „Rekonstruktion" des Südens (1849–1877)

Nach Abschluß der territorialen Expansionsphase tritt der KONFLIKT UM DIE SKLAVEREI in den Vordergrund. Im Norden wächst die gesellschaftspolitische und moralische Kritik an diesem System (1852 erscheint Harriet E. Beecher Stowes erfolgreicher Tendenzroman „*Uncle Tom's Cabin*"). Im Süden wird die Sklaverei mit Berufung auf die Verfassung (Eigentumsrecht, Staatenrecht) sowie mit umstrittenen sozialen, wirtschaftlichen, religiösen und anthropologischen Argumenten verteidigt (z.B. George Fitzhugh, „*Sociology of the South*", 1854). Die Kluft zwischen den Sektionen prägt sich auch in den UNTERSCHIEDLICHEN WIRTSCHAFTSFORMEN UND GESELLSCHAFTSORDNUNGEN aus: im Norden bäuerliche Farmwirtschaft, Handel, Schiffahrt, Industrie, demokratisches „Yankeetum" – im Süden Plantagenwirtschaft, Monokultur, aristokratisch-patriarchalische Führungsschicht. 1849 wird der Kandidat der Whig Party, ZACHARY TAYLOR, Präsident. Er stirbt jedoch nach einem Jahr und 127 Tagen im Amt. Sein Nachfolger ist MILLARD FILLMORE (* 1800, † 1874). Nach dem Tode Henry Clays und Daniel Websters (1852) zerfällt die Whig Party. Auch die Demokratische Partei ist innerlich zerrissen. Empört über die Ausweitung der Sklaverei im Westen, sammeln sich Whigs, Free Soilers und Antisklaverei-Demokraten 1854 in der neuen REPUBLIKANISCHEN PARTEI. In ihr steigt ABRAHAM LINCOLN (* 1809, † 1865) zum führenden Politiker auf. Die Einwanderung erreicht 1854 einen neuen Höhepunkt (428 000). Die einwanderungsfeindliche KNOW-NOTHING PARTY (oder AMERICAN PARTY) organisiert sich bundesweit, findet viele Anhänger, zerfällt aber im Nord-Süd-Konflikt. Die Präsidenten der Vorbürgerkriegszeit – FRANKLIN PIERCE (* 1804, † 1869, 1853–1857) und JAMES BUCHANAN (* 1791, † 1868; 1857–1861), beide Demokraten – zeigen sich den Problemen der drohenden Staatskrise nicht gewachsen.

1850 Wegen eines Antrages Kaliforniens auf Zulassung als sklavenfreier Staat und der wachsenden Spannungen in der Sklavenfrage beschließt der Kongreß auf Vorschlag Henry Clays (* 1777, † 1852) den Kompromiß von 1850: Kalifornien sklavenfrei; Neumexiko und Utah ohne Beschränkung der Sklaverei (Staaten sollen selbst entscheiden); Rück-

führung geflohener Sklaven unter Bundesjurisdiktion; Verbot des Sklavenhandels im District of Columbia.
Im Clayton-Bulwer-Vertrag, ausgehandelt vom amerikanischen Außenmininister John M. Clayton (* 1796, † 1856) und dem britischen Gesandten in Washington Henry Lytton Bulwer (* 1801, † 1872), verabreden Großbritannien und die Vereinigten Staaten, einen zukünftigen mittelamerikanischen Kanal, der den Atlantik mit dem Pazifik verbindet, nicht einseitig zu kontrollieren.

1853 Im Zusammenhang mit Projekten für den Eisenbahnbau zum Pazifik kaufen dieVereinigten Staaten von Mexiko im Gadsden Purchase einen Landstreifen südlich des Gila River (Arizona, Neumexiko).

1854 COMMODORE MATTHEW CALBRAITH PERRY (* 1794, † 1858) erreicht durch eine Marineexpedition die Öffnung Japans für den amerikanischen Handel. Pläne zum Erwerb Kubas (Stärkung des Südens) werden nicht verwirklicht.
Das Kansas-Nebraska-Gesetz stellt den Bewohnern beider Territorien die Entscheidung über die Sklaverei frei (Prinzip der *popular sovereignty*, Hauptbefürworter Stephen A. Douglas; * 1813, † 1861). Dies impliziert die Aufhebung des Missouri-Kompromisses von 1820. Prosklaverei- und Antisklaverei-Siedler wandern nach Kansas ein. Zwei gegensätzliche Verfassungen werden formuliert, zwei rivalisierende Regierungen gebildet.

1856 Unterstützt von Parteigängern des Nordens und Südens, bekämpfen sich die streitenden Parteien im Bürgerkrieg (*„Bleeding Kansas“*). Der Versuch, eine Kompromißverfassung einzuführen, scheitert. Nach Verlängerung des Territorialstatus wird Kansas 1861 als sklavenfreier Staat in die Union aufgenommen.

1857–1858 Überhitzte Eisenbahn- und Bodenspekulation führt zu einer tiefgreifenden Wirtschaftskrise (Panik von 1857).

1857 Das Oberste Bundesgericht entscheidet im Fall Dred Scott, daß schwarze Sklaven keine Bürgerrechte besitzen und durch den Aufenthalt in einem sklavenfreien Territorium nicht frei würden. Der Missouri-Kompromiß von 1820 verletze das Recht auf Eigentum und sei deshalb verfassungswidrig.

Sklaverei (Stand 1821) und Bürgerkriegs-Parteien

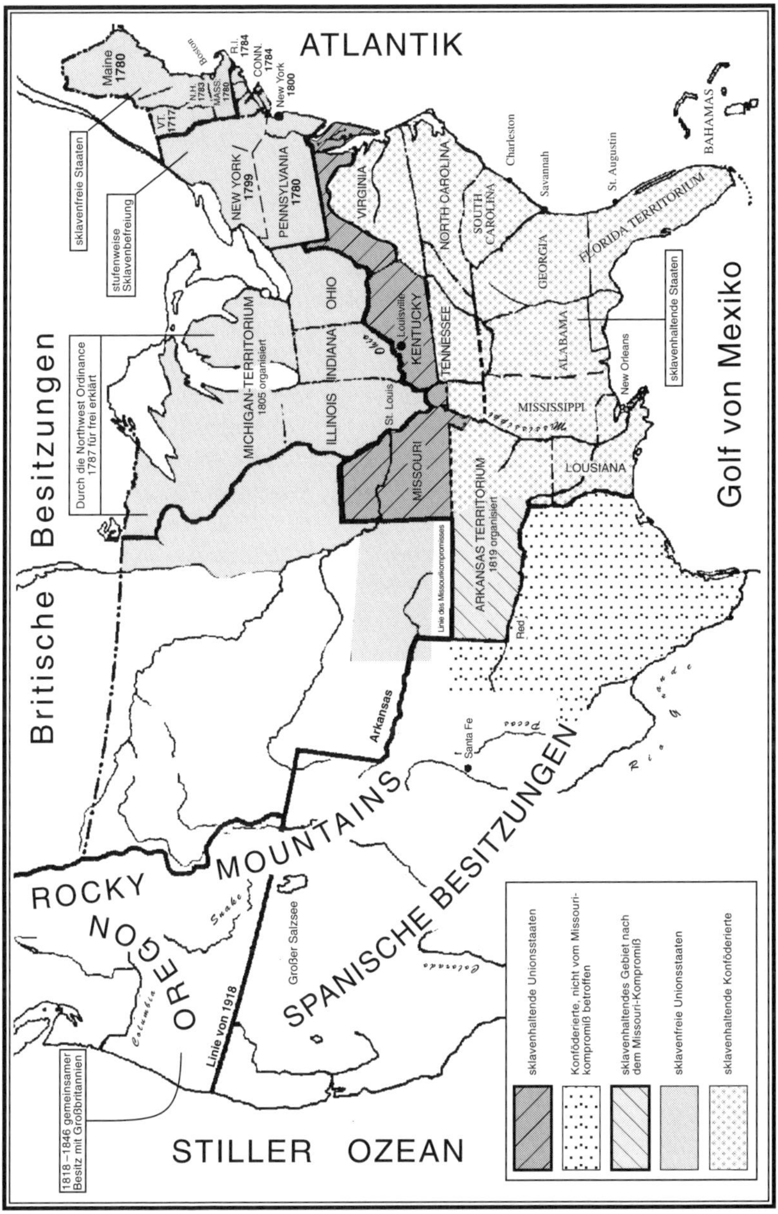

1859 Der Abolitionist John Brown (* 1800, † 1859) überfällt mit einem Trupp von Gleichgesinnten das Waffendepot Harper's Ferry (Virginia). Er will mit befreiten Sklaven einen unabhängigen Staat in den Appalachen errichten, erhält jedoch keinen Zulauf, wird vom Militär überwältigt, zum Tode verurteilt und mit sechs Anhängern hingerichtet.

1860 9. Nov. ABRAHAM LINCOLN, Rechtsanwalt aus Springfield, Illinois, Republikaner, wird zum Präsidenten gewählt. Er ist 1834 bis 1841 Abgeordneter in der Legislative von Illinois und 1846–1848 Abgeordneter im Repräsentantenhaus in Washington gewesen. Während des Wahlkampfes für den Senat 1858 hat er sich als Gegner von Stephen A. Douglas nationales Prestige erworben *(„Whistle Stop Campaign“)*.

20. Dez. South Carolina erklärt wegen der sklavereifeindlichen Haltung des Nordens die SEZESSION (Anspruch auf *state sovereignty*). Sechs Südstaaten schließen sich an: Mississippi, Florida, Alabama, Georgia, Louisiana, Texas. Sie bilden

1861 8. Febr. die KONFÖDERIERTEN STAATEN VON AMERIKA mit eigener Verfassung; Präsident wird Jefferson Davis (* 1808, † 1889). Virginia, Arkansas, Tennessee und North Carolina verstärken die Konföderation (Hauptstadt Richmond); West Virginia und die Grenzstaaten Delaware, Maryland, Kentucky und Missouri bleiben der Union treu.

1861–1865 Im BÜRGERKRIEG wehrt sich der Süden lange Zeit erfolgreich gegen den an Menschenreserven und Rüstungspotential stärkeren Norden. Die Union kämpft vor allem für die Erhaltung der staatlichen Einheit, die Konföderation für die Anerkennung ihrer Unabhängigkeit und das Weiterbestehen der Sklaverei. Die wirtschaftlich-sozialen Gegensätze stehen im Hintergrund des Konfliktes und verschärfen ihn. Der verlustreiche Krieg wird mit wachsender Erbitterung geführt.

12. April Mit der Beschießung des Bundesforts Sumter/Charleston durch die Konföderierten beginnen die Kampfhandlungen.

15. April Lincoln proklamiert den Zustand der „Insurrektion“ und verhängt eine Blockade südstaatlicher Häfen. Großbritannien erklärt seine Neutralität und erkennt damit indirekt die Konföderation als kriegführende Partei an.

21. Juli Der erste Vorstoß der Unionstruppen in Virginia wird in der

Abb. 8: Bürgerkrieg: Präsident Lincoln besucht die Unionstruppen.

SCHLACHT AM BULL RUN (Nebenfluß des Potomac, südwestlich von Washington) gestoppt.

1862 26. April — Während New Orleans von Marineeinheiten besetzt wird, stoßen Unionstruppen unter General Ulysses S. Grant den Mississippi entlang nach Süden vor. Mit der Einnahme von Vicksburg am linken Ufer des Mississippi (1863) ist das Gebiet der Konföderation zweigeteilt.

20. Mai 2. Juli — Mit dem *Homestead Act* wird Siedlern die Möglichkeit zum kostenlosen Landerwerb im Westen gegeben. Auf Grund des *Morrill Act* können Einzelstaaten Ländereien zur Errichtung landwirtschaftlicher und technischer Hochschulen erhalten (69 staatliche *landgrant-colleges* entstehen in der Folgezeit).

1863 1. Jan. — LINCOLNS EMANZIPATIONSERKLÄRUNG spricht alle Sklaven im Gebiet der Konföderation (nicht in den loyalen Grenzstaaten) frei. Der Norden führt von nun an einen Sklavenbefreiungskrieg und gewinnt Sympathien in Europa (besonders in Großbritannien).

1.–3. Juli — Der Vormarsch konföderierter Truppen unter General Robert Edward Lee (* 1807, † 1870) wird in Gettysburg (Pennsylvania) zurückgeschlagen (am 19. November hält Lincoln seine berühmt gewordene 13-Zeilen-Ansprache zur Einweihung des Soldatenfriedhofs). Damit ist die ent-

Abb. 9: Abraham Lincoln während seiner berühmten Gettysburger Ansprache (Gemälde von Fletcher C. Ransom).

scheidende WENDUNG DES KRIEGES zugunsten der Union eingetreten.

1864 Unionstruppen unter General William T. Sherman (* 1820, † 1891) unternehmen einen Zerstörungsfeldzug durch Georgia, erreichen die Atlantikküste bei Savannah und dringen von dort aus nach South Carolina vor (Zerstörung der Stadt Columbus 1865).

1865 9. April Bei Appomattox Courthouse (Virginia) kapitulieren die Truppen Lees. In den darauffolgenden Wochen ergeben sich die Konföderierten auch auf den anderen Kriegsschauplätzen. Der BÜRGERKRIEG ENDET MIT DEM SIEG DER UNION. Die Einheit der Vereinigten Staaten ist wiederhergestellt. Der Krieg hat den Norden 360 000, den Süden 275 000 Tote gekostet.

14. April Präsident LINCOLN, 1864 erneut gewählt, wird von John Wilkes Booth (* 1838, † 1865), einem fanatischen Südstaatenanhänger, ERMORDET. Vizepräsident Andrew Johnson (* 1808, † 1875) nimmt den Präsidentenposten ein.

Die „Rekonstruktion des Südens“

Der 13. Verfassungszusatz (1865) beseitigt die Sklaverei in den Vereinigten Staaten, der 14. Verfassungszusatz (1866) sichert den ehemaligen Sklaven die Bürgerrechte zu und schließt führende Vertreter der Konföderation von Staatsämtern aus, der 15. Verfassungszusatz (1869) verbietet Wahlrechtsbeschränkungen auf Grund von Rasse, Hautfarbe oder früheren Abhängigkeitsverhältnissen. Über den Wiederaufbau des Südens gibt es bei den Siegern unterschiedliche Vorstellungen. Während Präsident Johnson für eine nachsichtige Besiegtenbehandlung eintritt, sehen radikale Republikaner tiefgreifende Veränderungen vor. Zum Schutz der Schwarzen gegen ihre ehemaligen Herren wird das *Freedmen's Bureau* errichtet. Im Jahre 1867 wird der Süden militärisch besetzt. Die von radikalen Nordstaatlern (carpetbaggers) mitbestimmte Aufbaupolitik ist durch soziale Fortschritte, aber auch durch Korruption gekennzeichnet.

1866 Das transatlantische Kabel ermöglicht eine schnelle Nachrichtenverbindung zwischen Europa und Amerika.

1867 Alaska wird für 7,2 Millionen Dollar von Rußland gekauft.

1868 Präsident Andrew Johnson entgeht in einem Impeachment-Verfahren nur knapp der Amtsenthebung, die die radikalen Republikaner wegen seiner Rekonstruktionspolitik gegenüber dem Süden anstreben.

1869 Nach Ablauf seiner Amtszeit wird Ulysses Simpson Grant (* 1822, † 1885) Präsident (Wiederwahl 1873). Die erste Eisenbahnverbindung zum Pazifik (Zentralroute Chicago – San Francisco) wird fertiggestellt. Es folgen: Südliche Route (New Orleans – Los Angeles) 1882, 35. Breitengrad-Route (Kansas City – Los Angeles) 1883, Nördliche Route (Lake Superior – Portland, Oregon) 1883.

1870/1871 Der Kongreß verabschiedet Gesetze gegen den Ku Klux Klan, einen Geheimbund zur Terrorisierung der schwarzen Bevölkerung im Süden. Bis 1871 sind alle Südstaaten wieder im Kongreß vertreten.

1872 Eine Amnestie gibt ehemaligen Mitkämpfern der Konföderation die politischen Rechte zurück (ausgenommen führenden Persönlichkeiten).

1873 Eisenbahnspekulation sowie industrielle und landwirtschaftliche Überproduktion verursachen die Panik von

1873 (Beginn der langen Abschwungphase von 1873 bis 1896).

1875 1. März — Ein Bürgerrechtsgesetz soll Schwarzen den gleichberechtigten Zugang zu öffentlichen Einrichtungen wie Gasthäusern, Theatern und Verkehrsmitteln garantieren. 1883 erklärt das Oberste Bundesgericht, daß dieses Gesetz nur für staatliche, nicht für private Einrichtungen gelte.

1877–1881 — RUTHERFORD BIRCHARD HAYES (* 1822, † 1893; Republikaner) wird Präsident. Mit dem Rückzug der letzten Truppen aus dem Süden ist die Phase der sog. „*Black Reconstruction*" zu Ende. Die Weißen haben überall die Oberhand zurückerlangt.

Wirtschaftsrevolution, Reformzeit und Weltpolitik (1877–1918)

Nach der Beendigung des Konflikts zwischen Norden und Süden macht die Besiedlung des ganzen Landes rasche Fortschritte. Die großen baumlosen Ebenen des Mittelwestens werden mit Hilfe des Eisenbahnbaus für die Farmwirtschaft erschlossen, die Büffelherden durch Jäger in kurzer Zeit ausgerottet. Das Ergebnis der Volkszählung von 1890 führt zu der Feststellung, daß eine „wandernde Grenze“ nicht mehr existiert. Die INDIANER werden verdrängt, der Widerstand wird militärisch gebrochen (u.a. Cheyenne-Arapho-Krieg 1861–1864, Sioux-Kriege 1862–1876, Apachen-Krieg 1871–1886, Massaker von Wounded Knee 1890). Die Überlebenden müssen in oft unfruchtbare Reservate ziehen.
Der Ausbau des Verkehrssystems (Eisenbahn: Pullman-Schlafwagen 1864, Kühlwagen 1875; elektrische Straßenbahn 1874; Auto vom Fließband: Ford, 1909; kommerzielle Flugzeugproduktion: Gebr. Wright, 1909), Verbesserungen im Kommunikationswesen (z. B. Schreibmaschine 1867, Telefon 1876), technische Neuerungen im Bereich der Industrie (z. B. Nähmaschine 1846–1854, Celluloidproduktion 1872, Glühlampe 1879, elektrische Geräte, Übernahme und Weiterentwicklung europäischer Fabrikationsprozesse) und der Landwirtschaft (z.B. Hartpflug 1868, Fadenbinder 1873, Stacheldraht 1874, Mähdrescher 1881) sowie die verstärkte Nutzung der Bodenschätze (erste Ölbohrung in Pennsylvania 1859, erste Pipeline 1866, Verstärkung des Eisenerz- und Kohleabbaus, der Stahlindustrie u.a.) sind Voraussetzungen für WIRTSCHAFTSREVOLUTION und HOCHINDUSTRIALISIERUNG, die sich besonders im Nordosten vollziehen („Industriegürtel“).
Ausweitung der Binnenmärkte, steigende Produktionsraten, wachsende Kapitalinvestitionen und Zunahme der Arbeitskräfte sind gefolgt von extremen KONZENTRATIONSERSCHEINUNGEN IN DER WIRTSCHAFT: Kartelle, Trusts und Holdinggesellschaften beherrschen bisweilen ganze Industriezweige (z.B. *Rockefellers Standard Oil Company*, *Carnegie Steel Company*, ab 1901 *U.S. Steel Corporation*, das Bankhaus J. P. Morgan & Co.). Die USA rücken in den Kreis der führenden Industriestaaten der Welt auf. Gesetze zur Sicherung des freien Wettbewerbs können die wirtschaftliche Konzentration nur begrenzt eindämmen. Gegen soziale Mißstände und Korruptionserscheinungen (besonders in den Großstädten) wächst auf

Abb. 10: Amerikanischer Fortschritt: Die Westbewegung (Chromolitho, nach einem Gemälde von John Gast, 1872).

vielen Ebenen die Kritik. Arbeiter organisieren sich gegen heftige Widerstände der Unternehmer in GEWERKSCHAFTEN (u.a. *Knights of Labor* 1878–1893, *American Federation of Labor* 1886, *Industrial Workers of the World* 1905–1925) und Arbeiterparteien (*Socialist Labor Party* 1874, *Social Democratic Party* 1897). Arbeitskonflikte entladen sich in großen STREIKS (u.a. Homestead, Pa., 1892; Pullman-Streik 1894; Anthrazitkohlen-Streik 1902). Gegen die Vormachtstellung von Industrie und Finanzwelt opponiert auch die verschuldete LANDWIRTSCHAFT (Granger-Bewegung seit 1867, Farmers' Alliances 1874/1880, Populist Party 1892). Drittparteien können sich jedoch auf nationaler Ebene nicht durchsetzen.
SOZIALE REFORMPOLITIK beginnt in den Einzelstaaten (führend Wisconsin unter Gouverneur Robert M. La Follette seit 1901). In der „Progressiven Bewegung" (1901–1917) werden soziale und politische Reformen gefördert und zum Teil durchgesetzt (z.B. bessere Arbeitsbedingungen, Verbraucherschutz, direkte Demokratie). Schriftsteller üben scharfe Kritik an Korruptionserscheinungen in Wirtschaft und Verwaltung (sog. „*Muckrakers*", u.a. Lincoln Steffens, „*The Shame of the Cities*", 1904). In den Präsidentschaftswahlen spielen „progressive" Programme eine wachsende Rolle (1912 *Progressive Party*).

Die EINWANDERUNG nimmt stark zu und führt der amerikanischen Wirtschaft billige Arbeitskräfte zu (1861–1870: 2,3 Millionen, 1881–1890: 5,2 Millionen; 1901–1910: 8,8 Millionen). Von den 1890er Jahren an kommen Auswanderer vor allem aus Ost- und Südeuropa („*New Immigration*"). Nach dem Bürgerkrieg setzt eine planmäßige Einwanderungswerbung ein, bald aber formieren sich Gegenkräfte, die Beschränkungen für bestimmte Gruppen fordern (Ausschließung von Chinesen 1882, Verbot der Einwanderung von Kontraktarbeitern 1885, Beschränkungen für Japaner ab 1906, Lesetests ab 1917).
Die AUßENPOLITIK der Vereinigten Staaten ist seit dem späten 19. Jahrhundert durch überseeische Expansion gekennzeichnet (1897 erscheint Alfred T. Mahans „*The Interest of America in Sea Power*"). Wirtschaftliche Interessen, nationalistische Machtpolitik und zivilisatorisches Sendungsbewußtsein („*Manifest Destiny*") fördern eine Interventionspolitik in Richtung Pazifik und Karibische See („*Big Stick*"-Politik und „Dollardiplomatie"). Dabei kommt es zu Konflikten mit europäischen Mächten. Die Vereinigten Staaten bemühen sich um schiedsgerichtliche Regelungen.

1881 Präsident James A. Garfield (* 1831, † 1881; Republikaner) stirbt ein halbes Jahr nach Amtsübernahme an den Folgen des Attentates eines enttäuschten Postenjägers.

1881–1885 Vizepräsident CHESTER A. ARTHUR (* 1830, † 1886) wird Präsident.

1883 Ein Gesetz zur Reform des öffentlichen Dienstes *(Pendleton Act)* schränkt parteipolitische Ämterpatronage *(spoils system)* ein. Der deutschamerikanische Politiker Carl Schurz (* 1829, † 1906) hat sich als Innenminister unter Präsident Hayes bereits für eine solche Reform eingesetzt.

1885–1889 Mit Grover Cleveland (* 1837, † 1908) wird erstmals seit dem Jahr 1861 ein Kandidat der Demokratischen Partei Präsident. Nachfolger ist der Republikaner Benjamin Harrison (* 1833, † 1901; 1889–1893); dann folgt Clevelands zweite Amtsperiode (1893–1897).

1886 Arbeiterunruhen zur Durchsetzung des Achtstundentages in Chicago finden ihren Höhepunkt im Haymarket-Aufruhr. Sieben Polizisten und vermutlich vier Arbeiter werden durch eine Bombe und die sich anschließende Schießerei getötet, vier Anarchisten nach einem umstrittenen Gerichtsverfahren hingerichtet.

1887 Der *Dawes Severalty Act* sieht die Auflösung der Indianerstämme als rechtlicher Körperschaften und die Aufteilung von Stammesland in indianisches Privateigentum vor.

1889 Die Samoa-Inseln, auf denen 1878 eine amerikanische Marinestation errichtet worden ist, kommen unter ein Dreimächte-Protektorat (Vereinigte Staaten, Großbritannien, Deutschland); 1899 werden die Samoa-Inseln aufgeteilt.

Auf einer Konferenz in Washington wird die Panamerikanische Union als Büro zum Austausch von Informationen gegründet. Die beabsichtigte Zollunion wird nicht erreicht.

1890 Das Sherman-Antitrust-Gesetz verbietet erstmalig Kontrakte, Trusts oder Absprachen zur Einschränkung des zwischenstaatlichen Handels und des Außenhandels, ist aber wegen seiner vagen Formulierungen nur begrenzt anwendbar. Die Zahl der Trusts wächst weiter. Diese kontrollieren 1904 zwei Fünftel des Industriekapitals in den Vereinigten Staaten. Spätere Gesetze (*Elkins Act* 1903, *Federal Trade Commission Act* 1904, *Clayton Act* 1914) führen den Kampf gegen Preisdiskriminierungen, wirtschaftliche Monopolbildungen und unfaire Wettbewerbsmethoden fort, werden aber oft großzügig ausgelegt.

Der McKinley-Tarif erhöht die Einfuhrzölle auf durchschnittlich 49,5 Prozent, der Dingley-Tarif 1897 auf 57 Prozent (Hochphase des Schutzzolls bis 1909).

1895 Im Konflikt um die Grenze zwischen Venezuela und Britisch-Guayana setzen die Vereinigten Staaten unter Hinweis auf die Monroe-Doktrin eine schiedsgerichtliche Regelung durch.

1896 WILLIAM MCKINLEY (* 1843, † 1901; Republikaner) siegt in der Präsidentschaftswahl über den Reformpolitiker William Jennings Bryan, Kandidat der Demokraten und Populisten. Während seiner Amtszeit (1897–1901) erwerben die Vereinigten Staaten auswärtige Besitzungen. Nach seiner Wiederwahl (1901) wird er von einem Anarchisten ermordet.

1898 21. April –10. Dez. Sympathien für aufständische Kubaner, die seit 1895 gegen die spanische Kolonialherrschaft kämpfen, sowie die Veröffentlichung des De-Lôme-Briefes (spanische Kritik an McKinley) und die ungeklärte Zerstörung des Linien-

Abb. 11: Fließbandproduktion bei Ford, 1913.

21. April –10. Dez. schiffs „Maine" im Hafen von Havanna führen zur Kriegserklärung der Vereinigten Staaten an Spanien. Im SPANISCH-AMERIKANISCHEN KRIEG wird die spanische Flotte in der Bucht von Manila und vor Santiago de Cuba vernichtet. Manila wird mit Hilfe der Filipinos eingenommen, Santiago de Cuba kapituliert, amerikanische Truppen besetzen Puerto Rico.

Im Frieden von Paris wird KUBA Republik. Die Vereinigten Staaten sichern sich durch das *Platt Amendment* von 1901 PROTEKTORATSRECHTE und die MÖGLICHKEIT ZUR ERRICHTUNG VON MARINEBASEN (1903 Guantánamo Bay). Spanien tritt PUERTO RICO, die Pazifikinsel GUAM und die PHILIPPINEN (diese für 20 Millionen Dollar Entschädigung) an die Vereinigten Staaten ab. Die Inbesitznahme der Philippinen wird von vielen Demokraten und Populisten kritisiert (*Anti-Imperialist League* 1899). Eine antiamerikanische Erhebung auf den Philippinen unter Emilio Aguinaldo wird unterdrückt (Guerillakrieg bis 1902).

7. Juli	Während des Krieges werden die Hawaii-Inseln (Sandwich-Inseln) annektiert, auf denen 1893 die Monarchie (Königin Liliuokalani) durch eine von amerikanischen Zuckerpflanzern geführte Revolte beseitigt worden ist.
1899	Gegen drohende Diskriminierungen im Chinahandel fordern die Vereinigten Staaten von Großbritannien, Deutschland, Rußland, Frankreich, Italien und Spanien eine „Politik der Offenen Tür". Nach der Strafexpedition gegen die Boxer (1900), an der die USA beteiligt sind, setzt sich Außenminister John Hay (* 1838, † 1905) für die Integrität Chinas und für gleichberechtigten Handel mit allen Teilen des Landes ein.
1901–1909	Unter Präsident THEODORE ROOSEVELT (* 1858, † 1919; Republikaner) findet die amerikanische Weltpolitik ihre Fortsetzung in Schiedsgerichtsbarkeit und Interventionen.
1901	Das Hay-Pauncefote-Abkommen mit Großbritannien sichert den Vereinigten Staaten die Kontrolle über einen mittelamerikanischen Kanal (Widerruf des Clayton-Bulwer-Vertrages von 1850). Als Kolumbien die Verpachtung der benötigten Kanalzone verweigert, proklamiert die Provinz Panama mit schweigender Billigung Roosevelts ihre Unabhängigkeit und willigt in den Kanalbau ein. Unter ungünstigen Arbeitsbedingungen und nicht geringen Konstruktionsschwierigkeiten wird der PANAMAKANAL gebaut (ab 1904) und für die Schiffahrt eröffnet (1914; Gesamtkosten über 365 Millionen Dollar).
1904	Angesichts europäischer Zwangsmaßnahmen gegen Venezuela (1902) und Interventionsdrohungen gegen die Dominikanische Republik (1903) – beide Staaten sind ihren Schuldenverpflichtungen nicht nachgekommen – nimmt Roosevelt für die Vereinigten Staaten das Recht in Anspruch, sich als POLIZEIMACHT in LATEINAMERIKANISCHEN STAATEN einzumischen und europäische Interventionen zu verhindern (Roosevelt Corollary zur Monroe-Doktrin, widerrufen 1928).
1905–1916	Interventionen erfolgen in der Dominikanischen Republik (1905 und 1916), Kuba (1906 und 1912), Nicaragua (1912), Mexiko (1914) und Haiti (1915). Anlässe dazu geben enorme Verschuldungsprobleme, andauernde innere

Unruhen und andere gegen die Interessen der USA gerichtete Vorkommnisse.

1905 Roosevelt vermittelt im Russisch-Japanischen Krieg (Friede von Portsmouth) und erhält 1906 dafür den Friedensnobelpreis.

1906 Mit seiner Hilfe kommt die Konferenz von Algeciras (Hafenstadt der südspanischen Provinz Cádiz) zustande. Ver-
1907 geblich bemüht er sich um die Errichtung eines ständigen internationalen Gerichtshofes auf der 2. Haager Friedenskonferenz (anstelle des 1899 eingerichteten Schiedshofes).

1908–1909 Die Vereinigten Staaten schließen Verträge mit 25 Ländern: Streitigkeiten sollen dem Haager Schiedshof vorgelegt werden (mit Einschränkungen, falls Interessen, Ehre und Unabhängigkeit einer Nation berührt sind). Deutschland beteiligt sich nicht.

1909–1913 Der von Roosevelt empfohlene republikanische Kandidat William H. Taft (* 1857, † 1930) wird Präsident, verfolgt aber nicht die von ihm erwartete Reformpolitik im Innern. Es kommt zur Spaltung der Republikanischen Partei bei der Wahl von 1912.

1913–1921 Roosevelt kandidiert gegen Taft. Der Demokrat Woodrow Wilson (* 1856, † 1924) gewinnt die Wahl und wird Präsident (Programm: *„New Freedom"*). William Jennings Bryan (* 1860, † 1925) wird Secretary of State (1913 bis 1915).

1913 Bryans *„Cooling Off"*-Verträge mit 30 Staaten sehen vor, internationale Streitigkeiten einer ständigen Untersuchungskommission vorzulegen und bis zu deren Bericht innerhalb eines Jahres nicht zu den Waffen zu greifen. Mit Deutschland kommt kein Vertrag zustande.

Der 16. Verfassungszusatz erlaubt erstmalig die Erhebung einer Einkommensteuer durch den Bund. Das *Federal Reserve Act* ermöglicht die Errichtung eines Systems von zwölf durch die Regierung kontrollierten Banken zur Regelung des Währungs- und Kreditwesens (diesbezügliche Schwächen waren in der Panik von 1907 zutage getreten).

Der Erste Weltkrieg: Neutralität und Kriegseintritt

Nach Ausbruch des Ersten Weltkrieges proklamiert Präsident Wilson Amerikas Neutralität (4. August 1914) und appelliert an die Nation, „unparteiisch sowohl in Gedanken als auch in Taten“ zu sein (19. August 1914). In der Folgezeit gelten jedoch die Sympathien der USA stärker Großbritannien und Frankreich, wofür neben engeren kulturellen und wirtschaftlichen Beziehungen sowie einer geschickten britischen Propaganda anstoßerregende Schritte der deutschen Kriegführung maßgebend sind: Bruch der belgischen Neutralität (3. August 1914), Versenkung der „Lusitania“ mit 128 Amerikanern an Bord (7. Mai 1915), deutsche Sabotageakte in Amerika (1915/1916), Torpedierung der „Sussex“ (24. März 1916), Wiederaufnahme des uneingeschränkten U-Boot-Krieges (1. Februar 1917), Zimmermann-Depesche (veröffentlicht 1. März 1917). Letztere sah insgeheim vor, Mexiko im Falle einer Kriegserklärung der USA an Deutschland als Bündnispartner zu gewinnen. Es könne dann mit deutscher Unterstützung „in Texas, Neumexiko, Arizona früher verlorenes Gebiet zurückerobern“. Bis April 1917 sind die amerikanischen Anleihen an die Alliierten auf 2,3 Milliarden Dollar, diejenigen an die Mittelmächte nur auf 20 Millionen Dollar angewachsen. Vorangegangene amerikanische Friedenssondierungen und Vermittlungsversuche (u.a. Reisen von Wilsons Vertrautem, Colonel Edward M. House, und Wilsons Friedensnote vom 18. Dezember 1916) sind ohne Erfolg geblieben. Nachdem der Wahlkampf von 1916 unter der Parole „*He kept us out of war*“ geführt worden ist, erfolgt am 3. Februar 1917 der Abbruch der diplomatischen Beziehungen und am 6. April 1917 die Kriegserklärung an Deutschland.

1916	Ein Entwicklungsgesetz für die Philippinen (*Jones Act*) sieht die Unabhängigkeit des Landes für den Zeitpunkt vor, zu dem eine „stabile Regierung“ errichtet werden kann.
1917	Die Vereinigten Staaten kaufen die Virgin Islands (Jungferninseln, Inselgruppe der kleinen Antillen) von Dänemark für 25 Millionen Dollar.
18. Mai	Ein selektives Wehrpflichtgesetz ermöglicht die Registrierung und Einberufung von Männern von 21 bis 30 Jahren.
1918 8. Jan.	Wilson formuliert in „Vierzehn Punkten“ das amerikanische Friedensprogramm.
6. Juni	Erstmalig beteiligen sich US-Truppen an den Kämpfen auf dem europäischen Festland. Insgesamt werden rund 2 Mil-

Abb. 12: Ein deutsches U-Boot versenkt am 7. Mai 1915 ohne Warnung den britischen Passagierdampfer „Lusitania", 1198 Menschen ertrinken. Unter ihnen befinden sich 128 Amerikaner, die einen Hinweis des deutschen Generalkonsuls in New York, daß das Reisen auf Schiffen innerhalb der Kriegszone um die Britischen Inseln auf eigenes Risiko geschähe, nicht ernst genommen haben.

lionen US-Soldaten nach Frankreich geschickt. General John J. Pershing (* 1860, † 1948) befehligt die US-Expeditionsstreitmacht. 29 Infanteriedivisionen greifen in die Kämpfe ein. Die Verluste der USA belaufen sich bis Kriegsende auf 112 432 Tote und 230 074 Verwundete.

6. Okt. Das deutsche Ersuchen um Waffenstillstand auf der Grundlage der Vierzehn Punkte Wilsons führt nach Verhandlungen und nach einer Verfassungsreform in Deutschland am 11. November zum Waffenstillstand.

1918/1919 Präsident Wilson leitet selbst die amerikanische Delegation auf der Pariser Friedenskonferenz. Er kann seine Absichten – Friede auf der Basis unparteiischer Gerechtigkeit, keine Geheimdiplomatie, Vereinigung der Nationen zur Aufrechterhaltung des Weltfriedens u.a. – in Verhandlungen mit den europäischen Staatsmännern nur begrenzt durchsetzen.

1919
18. Nov. Der ausgehandelte Friedensvertrag trifft in den Vereinigten Staaten vor allem wegen der Sanktionsbestimmungen

in der Völkerbundsatzung auf Kritik und wird im Senat mit 53 gegen 38 Stimmen abgelehnt. Während eines öffentlichen Werbefeldzuges für die Ratifizierung des Vertrages bricht der körperlich geschwächte Wilson am 25. September 1919 in Pueblo, Colorado, zusammen († 1924).

Zwischenkriegszeit und Zweiter Weltkrieg (1919–1945)

Die Vereinigten Staaten bleiben dem VÖLKERBUND fern, sind aber durch wirtschaftliche und finanzielle Verflechtungen international gebunden und nehmen aktiv an weltpolitischen Vorgängen teil. Die „GROßE DEPRESSION“ beendet 1929 eine Phase relativer Prosperität. Die schwere wirtschaftliche und soziale Krise führt zu einem parteipolitischen Führungswechsel und zu einer neuen Reformära (NEW DEAL), in der die Not langsam behoben werden kann. Zur Zeit der Krisenbewältigungsmaßnahmen im Innern versucht der Kongreß durch eine „ISOLATIONISTISCHE“ AUßENPOLITIK, Amerika aus Verwicklungen in internationale Konflikte herauszuhalten (Neutralitätsgesetze). Mit wachsenden Gefahren für den Frieden in Europa und im Fernen Osten nehmen die Vereinigten Staaten zunächst zögernd, dann entschlossen Partei gegen die ordnungsstörenden Mächte. Im Zweiten Weltkrieg stellen sie ihr großes wirtschaftliches und militärisches Potential für die Bekämpfung der Achsenmächte zur Verfügung und werden zur Führungsmacht der Alliierten im Westen.

1919/1920 Aus Furcht vor kommunistischen Umtrieben veranlaßt Justizminister A. Mitchell Palmer (*1872, †1936) umfangreiche Verhaftungsaktionen *(Palmer Raids)*. Ausländische Agitatoren werden deportiert. Der Ku Klux Klan, der 1915 neu gegründet wurde, findet als fremdenfeindliche und antimodernistische Organisation rasch zahlreiche Anhänger.

1920 Der 18. Verfassungszusatz, der die Herstellung, den Verkauf sowie die Beförderung und Einfuhr alkoholischer Getränke verbietet, tritt in Kraft. Die PROHIBITION ist jedoch nicht voll durchzusetzen und wird 1933 wieder aufgehoben (21. Verfassungszusatz). Der 19. Verfassungszusatz führt das FRAUENSTIMMRECHT ein (einzelne Staaten waren dem seit 1890 vorausgegangen, das Territorium Wyoming bereits 1869).

1920/1921 Eine Nachkriegsdepression mit Lohneinbrüchen, Arbeitslosigkeit und Firmenkonkursen wird schnell überwunden. Die Krise der Landwirtschaft hält jedoch an.

1921–1923	Aus der Präsidentschaftswahl 1920 geht der Republikaner WARREN G. HARDING (* 1865, † 1923) als Sieger hervor (Wahlparole: „*Back to normalcy*"). Seine Administration ist durch Korruptionsaffären belastet, in die Kabinettsmitglieder und Behörden verwickelt sind (u.a. geheime Verpachtung staatlicher Ölreserven bei Teapot Dome, Wyoming).
1921	Mit Österreich (24. August), dem Deutschen Reich (25. August) und Ungarn (29. August) werden Friedensverträge abgeschlossen.
1922 6. Febr.	Die auf Initiative der Vereinigten Staaten zusammengetretene Washingtoner Konferenz zur Marineabrüstung schließt u.a. mit einer Vereinbarung über das Verhältnis der Kriegsflotten im Pazifik, mit territorialen Besitzstandsgarantien und einem erneuten Bekenntnis zum Prinzip der „Offenen Tür".
1923–1929	Nach dem Tode Hardings übernimmt Vizepräsident Calvin COOLIDGE (* 1872, † 1933) das Präsidentenamt. Er siegt auch im Wahlkampf 1924.
1924	Alle Indianer, die noch keine Bürgerrechte besitzen, werden durch ein Gesetz zu US-Bürgern erklärt (im 19. Jahrhundert war die Zuerkennung der Bürgerrechte an Indianer von individuellem Landbesitz und der Herauslösung aus dem Stammesverband abhängig).
	Ein neues Einwanderungsgesetz verschärft die bereits 1921 vorgenommene nationale Quotenregelung: Einwandererhöchstzahlen werden auf der Basis des Zensus von 1890 festgesetzt (zwei Prozent der im jeweiligen Quotenland geborenen US-Amerikaner), d.h. Nord- und Westeuropäer gegenüber Ost- und Südeuropäern bevorzugt (Gesamtgrenze: 164 000 jährlich).
1924/1929	Die USA sind aus dem Krieg als Gläubigerstaat hervorgegangen. Sie erwarten Schuldenrückzahlungen von den Alliierten und investieren erneut in Europa. Angesichts der engen außenwirtschaftlichen Beziehungen beteiligen sich die Vereinigten Staaten an den Reparationsregelungen für die Besiegten des Ersten Weltkrieges. Der DAWESPLAN (Charles Gates Dawes, * 1865, † 1951; Vizepräsident 1925 bis 1929) sieht jährliche Reparationszahlungen auf der

Grundlage der deutschen Leistungsfähigkeit vor, der YOUNGPLAN (Owen D. Young, * 1874, † 1962) setzt die Zahlungsverpflichtungen herab und verknüpft sie mit der alliierten Schuldenrückzahlung. Bis 1931 hat das Deutsche Reich etwa 2,5 Milliarden Dollar Anleihen aus Amerika erhalten (dazu aus anderen Ländern 3,8 Milliarden) und 4,5 Milliarden Dollar an Reparationen bezahlt, während die Alliierten 2,6 Milliarden Dollar Schuldenrückzahlungen an die Vereinigten Staaten geleistet haben.

1925 Nicht nur an wirtschaftlicher, sondern auch an außenpolitischer Stabilität in Europa interessiert, üben US-Diplomaten Druck auf europäische Regierungen beim Zustandekommen des Locarno-Vertrages aus.

1926 Eine Beteiligung am Haager Gerichtshof des Völkerbundes scheitert an Vorbehalten des Senats, jedoch werden wiederholt amerikanische Richter gewählt.

1928 Auf Initiative der USA wird der KELLOGG-BRIAND-PAKT,
27. Aug. benannt nach dem Außenminister Frank B. Kellogg (* 1856, † 1937) und dem französischen Außenminister Aristide Briand, zur Ächtung des Krieges als Instrument der Politik geschlossen (zunächst 15, später 62 Unterzeichnerstaaten).

1929 Die Präsidentschaft des Republikaners HERBERT HOOVER (* 1874, † 1964; 1929–1933), eines Befürworters des *Rugged Individualism* (robuster Individualismus), beginnt in einer Zeit großer Prosperität und wirtschaftspolitischer Selbstsicherheit, mündet jedoch mit dem Zusammenbruch des Aktienmarktes an der New Yorker Börse (Schwarzer
29. Okt. Dienstag) in die Phase der Großen Depression (Einleitung der Weltwirtschaftskrise). Nach überhitzter Wertpapierspekulation fallen die Kurse innerhalb Monatsfrist um 40 Prozent. Es folgen als Kettenreaktion: Vermögens- und Ersparnisverluste, Absatzschwierigkeiten in der Wirtschaft, Verfall der Preise, Konkurse, Arbeitsentlassungen, Rückgang des Volkseinkommens, Rückgang des Steueraufkommens, Sinken des Lebensstandards, Demoralisierung der Bevölkerung. Bis zum Frühjahr 1933 ist die Arbeitslosenziffer auf fast 15 Millionen gewachsen (etwa ein Drittel der zuvor Beschäftigten). Krisenbekämpfungsmaßnahmen der Regierung Hoover (z.B. eine Finanzierungsgesellschaft für

Abb. 13: Präsident F. D. Roosevelt im Wahlkampf, Oktober 1936.

den Wiederaufbau und Bankkredite für verschuldete Hausbesitzer) haben keinen durchschlagenden Erfolg.

1931 6. Juli — Das Hoover-Moratorium unterbricht internationale Zahlungsverpflichtungen (Reparationen, Schuldentilgungen) für 1 Jahr. Danach werden die Zahlungen nicht fortgesetzt.

1932 7. Jan. — Auf die japanische Invasion in der Mandschurei antwortet die amerikanische Regierung mit der sog. STIMSON-DOKTRIN (Henry Lewis Stimson, * 1867, † 1950, Außenminister): Nichtanerkennen von Verletzungen der Souveränität und Integrität Chinas und des Prinzips der „Offenen Tür“ (vom Völkerbund übernommen).

1933–1945 — FRANKLIN DELANO ROOSEVELT (* 1882, † 1945; Demokrat, Gouverneur von New York, entfernter Verwandter Theodore Roosevelts) wird nach dem Wahlsieg der Demokraten Präsident (Wiederwahlen 1936, 1940, 1944; einziger amerikanischer Präsident mit mehr als zwei Amtsperioden). Gemäß seinem Wahlversprechen – *„a new deal for the American people“* – setzt er ein intensives wirtschaftlich-soziales Reformprogramm ins Werk, das das Land aus der Krise herausbringen soll.

Der New Deal

Während der ersten „Hundert Tage" des New Deal verabschiedet der Kongreß ein umfassendes Gesetzgebungswerk zur Behebung der Not und zum Wiederaufbau (u.a. Gründung des *Civilian Conservation Corps*, *Agricultural Adjustment Act*, Errichtung der *Tennessee Valley Authority* zur Regulierung des Tennessee und seiner Nebenflüsse, *National Industrial Recovery Act* und Gründung der *Public Works Administration*). Wichtige Gesetze der Folgezeit sind: Errichtung der *Civil Works Administration* (1933), *Civil Works Emergency Relief Act* (1934), *Security Exchange Act* (1934), *National Housing Act* (1934). Im sog. Zweiten New Deal (ab 1935) werden vor allem sozialreformerische Maßnahmen beschlossen: *National Youth Administration* (Teilzeitarbeitsplätze für Studenten), *Social Security Act* (Arbeitslosen- und Altersversicherung, Versehrtenfürsorge), *Wagner Act* (Koalitionsrecht für Arbeitnehmer). Um verfassungsrechtliche Einwände gegen New-Deal-Gesetze zu verhindern, versucht Roosevelt 1937, den Supreme Court durch Erweiterung des Richtergremiums gefügig zu machen. Der heftig umstrittene Plan scheitert schließlich am Kongreß. Die Auswirkungen der New-Deal-Maßnahmen sind uneinheitlich. Erstmals werden umfassende sozialstaatliche Reformen in Amerika durchgesetzt. Die Zahl der Arbeitslosen nimmt ab, schnellt aber 1938 noch einmal auf 9,5 Millionen hoch. Letzte Auswirkungen der Großen Depression werden von der Kriegswirtschaft aufgefangen.

1933 19. April 3. Juli	Die USA geben den Goldstandard auf und distanzieren sich von den Bemühungen der Londoner Wirtschaftskonferenz um internationale Währungsstabilität (Roosevelts *„bomb-shell message"*).
4. März	Roosevelt kündigt gegenüber Lateinamerika eine Politik der Guten Nachbarschaft an. Dementsprechend werden auf den Konferenzen von Montevideo (1933), Buenos Aires (1936) und Lima (1938) Einmischungen in die inneren Angelegenheiten anderer Staaten abgelehnt und gemeinsame Schritte für den Fall einer Aggression von außen vorgesehen.
16. Nov.	Sechzehn Jahre nach der Oktoberrevolution in Rußland erkennen die Vereinigten Staaten die Sowjetunion offiziell an. Zwischen Washington und Moskau werden diplomatische Beziehungen aufgenommen.

1934 24. März	Der *Tydings-McDuffie Act* gewährt den Philippinen begrenzte Autonomie und sieht die Unabhängigkeit des Landes für 1946 vor.
13. April	Der *Johnson Debt Default Act* verbietet Anleihen an Staaten, die ihre Schulden an die Vereinigten Staaten nicht bezahlt haben.
12. Juni	Nach dreizehn Jahren Schutzzollpolitik ermächtigt der Kongreß den Präsidenten, eine Senkung von Zöllen durch bilaterale Handelsabkommen auf Meistbegünstigungsbasis zu vereinbaren.
1935 31. Aug.	Während sich ein Senatsausschuß *(Nye Committee)* mit der Frage befaßt, ob der Kriegseintritt der Vereinigten Staaten 1917 auf Einflüsse der Rüstungsindustrie zurückzuführen ist (der Nachweis dafür ist nicht zu erbringen), führen Bemühungen isolationistischer Kreise, Kriegsverwicklungen der Vereinigten Staaten in Zukunft unmöglich zu machen, zur Neutralitätsgesetzgebung: Waffenembargo gegenüber Kriegführenden und Reiseverbot für Amerikaner auf Schiffen der Kriegführenden.
1936/1937	Ein zweites Gesetz (1936) verbietet Anleihen und Kredite an Kriegführende, ein drittes Gesetz (1937) dehnt die Gesetzgebung auf Bürgerkriege aus. Die Maßnahmen finden Anwendung im Äthiopienkrieg und im Spanischen Bürgerkrieg, nicht im Krieg Japans gegen China. Eine 1937 beschlossene „*Cash and Carry*"-Klausel erlaubt die Abholung von Waren (außer Munition) durch Kriegführende bei Barzahlung, sie entfällt jedoch am 1. Mai 1939.
1937 5. Oktober	Mit der QUARANTÄNE-REDE in Chicago (die Angreiferstaaten müßten unter internationale Quarantäne gestellt werden) – Anlaß: Japans Einmarsch in China – wendet sich Präsident Roosevelt erstmals nachdrücklich gegen Vorstellungen der Isolationisten von einer weltpolitischen Abstinenz Amerikas.
1938	Ein Marineaufrüstungsgesetz ermöglicht den Aufbau einer „Zwei-Ozean-Flotte" (17. Mai).
15. Nov.	Dem Judenpogrom in Deutschland folgt die Rückrufung des amerikanischen Botschafters aus Berlin.
1939 2. Jan.	Der Kongreß bewilligt 525 Millionen Dollar für Verteidigungszwecke.

14. April Roosevelt appelliert vergeblich an Hitler und Mussolini, den Frieden in Europa durch ein Nichtangriffsversprechen zu garantieren.

5. Sept. Nach dem Ausbruch des europäischen Krieges proklamieren die Vereinigten Staaten die Neutralität (Roosevelt: „*... but I cannot ask that every American remain neutral in thought as well*"). Gemäß einer Deklaration von Panama vom 3. Oktober sollen in einer 300–1 000 Meilen breiten Sicherheitszone um den amerikanischen Kontinent (südl. Kanada) keine Seekriegshandlungen stattfinden. Am 4. November werden die rigorosen Neutralitätsbestimmungen durch die Wiedereinführung der „*Cash and Carry*"-Klausel (jetzt auch für Waffen und Munition) gemildert. Die folgenden zwei Jahre, in denen Deutschland, Italien und Japan ihre Herrschaftsbereiche in Europa bzw. Ostasien ausdehnen, sind durch eine wachsende Parteinahme Amerikas für die Gegner der Achsenmächte und durch den Abbau seiner Neutralität gekennzeichnet.

1940 Die Rüstungsprogramme werden erheblich verstärkt und überschüssige Kriegsgüter an Großbritannien abgegeben. Am 3. September überlassen die Vereinigten Staaten Großbritannien 50 ältere Zerstörer gegen die Verpachtung von Militärbasen auf Neufundland, den Bermudas, den Bahamas und in Britisch-Guayana. Am 16. September verabschiedet der Kongreß die erste Wehrpflichtvorlage Amerikas im Friedenszustand.

1941
11. März Das Pacht- und Leihgesetz ermächtigt den Präsidenten, Länder, deren Verteidigung für die amerikanische Sicherheit wichtig ist, mit Kriegsmaterial und Versorgungsgütern zu unterstützen. Nach Beginn des Rußlandkrieges erhält auch die Sowjetunion Pacht- und Leihhilfe. Bis zum Kriegsende werden für Programme dieser Art über 50 Milliarden Dollar ausgegeben.

9. April
7. Juli Die Vereinigten Staaten besetzen Grönland und Island, um eventuellen deutschen Landungen vorzubeugen.

26. Juli Nach der japanischen Besetzung Französisch-Indochinas werden alle japanischen Guthaben in den Vereinigten Staaten eingefroren. Dies bedeutet praktisch ein Handelsembargo gegen Japan.

14. Aug. Präsident Roosevelt und der britische Premierminister Winston Churchill verkünden mit der Atlantik-Charta gemeinsame Friedensziele: Selbstbestimmungsrecht der Völker, freier Welthandel (unter Berücksichtigung bestehender Verpflichtungen), wirtschaftliche Zusammenarbeit, Errichtung eines allgemeinen Sicherheitssystems, Gewaltverzicht, Entwaffnung der Angreiferstaaten u.a.

11. Sept. Nach Zwischenfällen auf See (amerikanische Patrouillenschiffe warnen britische Schiffe vor deutschen U-Booten, deutscher Torpedoangriff auf den Zerstörer „Greer") gibt Roosevelt der Flotte Schießbefehl gegen in Sicht kommende U-Boote der Achsenmächte in zur Verteidigung wichtigen Seegebieten.

7. Dez. Beim japanischen ÜBERFALL AUF PEARL HARBOR (Hawaii-Inseln) wird die amerikanische Pazifikflotte größtenteils zerstört.

8. Dez. Der Kongreß erklärt Japan den Krieg.

11. Dez. Deutschland und Italien erklären den Vereinigten Staaten den Krieg.

Die USA im Zweiten Weltkrieg

Die Vereinigten Staaten bilden mit Großbritannien, der Sowjetunion, China und 22 weiteren Staaten die Alliierte Koalition. Sie übernehmen die Führungsrolle auf dem pazifisch-ostasiatischen und, nach einer Anlaufphase, auch auf dem atlantisch-westeuropäischen Kriegsschauplatz. Mitte 1942 zeichnet sich im Krieg gegen Japan und 1943 im Krieg gegen die europäischen Gegner eine Wende zugunsten der Alliierten ab. Die alliierten Streitkräfte im Pazifik stehen unter dem Oberbefehl des US-Generals Douglas MacArthur (* 1880, † 1964). Im Januar 1944 übernimmt General Dwight David Eisenhower (* 1890, † 1969) den Oberbefehl über die alliierten Streitkräfte in Westeuropa. Amerikanische und britische Verbände dringen von Nordafrika nach Italien und nach der Kanalinvasion von Frankreich, Belgien und den Niederlanden nach Deutschland vor, während die Rote Armee die deutschen Truppen in Rußland zurückwirft und von Osten auf deutsches Gebiet vorrückt. Im Luft- und Seekrieg erweisen sich die amerikanischen und britischen Streitkräfte den deutschen und japanischen bald als überlegen. Deutschland wird besetzt und zur Kapitulation gezwungen. Japan kapituliert angesichts des Einsatzes von Atombomben, bevor amerikanische Streitkräfte auf den Hauptinseln landen. Strategische Fragen, politische Probleme und Friedensziele der Koalition werden auf interalliierten Konferenzen erörtert.

Die innenpolitische Szene wird durch die Auswirkungen des Krieges und durch Maßnahmen zur Mobilisierung der militärischen und wirtschaftlichen Kräfte bestimmt. Durch den Krieg in Europa steigt die industrielle Produktion bereits 1939 um 20 Prozent. Zugleich sinkt die Arbeitslosigkeit um 10 Prozent. Infolge der Kriegsbeteiligung expandiert die Wirtschaft rapide. 1944 erreicht die Industrieproduktion 235 Prozent des Vorkriegsstandes. Verbrauchsgüter und Lebensmittel werden zunehmend rationiert. Die Preise steigen bis 1945 um 31 Prozent. Zahlreiche Behörden werden errichtet, um die liberale Wirtschaftsordnung durch Kontrollen und staatliche Interventionen auf Kriegsbedürfnisse abzustimmen. Arbeitskonflikte werden durch staatliche Schlichtung, durch ein kriegsbedingtes Antistreikgesetz, unter Umständen auch durch Eingreifen des Militärs beendet. Aus Kalifornien, Oregon, Washington und Arizona werden 110 000 Amerikaner japanischer Herkunft im Inneren des Landes interniert. Männer im

Abb. 14 (links): Am 7. Dezember 1941 greifen die Japaner überraschend den amerikanischen Stützpunkt Pearl Harbor auf Hawaii an und lösen damit den Krieg zwischen den USA und Japan aus.

Alter von 18–38 Jahren unterliegen der WEHRPFLICHT. Die GESAMTVERLUSTE der USA belaufen sich auf 407 000 Tote und 671 000 Verwundete.

1942 1. Jan.	In Washington unterzeichnen Vertreter von 26 Staaten die DEKLARATION DER VEREINTEN NATIONEN. Sie wollen den Krieg gegen Deutschland, Italien und Japan gemeinsam führen, keinen Separatfrieden abschließen und die Prinzipien der Atlantik-Charta (14. August 1941) befolgen.
2. Jan.	Die Hauptstadt der Philippinen, Manila, wird von den Japanern erobert. In wenigen Monaten ist das ganze Land besetzt (Aufgabe der Felseninsel Corregidor am 8. Mai).
3.–6. Juni	In einer KOMBINIERTEN SEE- UND LUFTSCHLACHT BEI DEN MIDWAY-INSELN erleiden die Japaner große Verluste. Die USA gewinnen die Initiative und Überlegenheit zur See.
7. Aug.	Amerikanische Truppen landen auf der von Japanern besetzten Salomonen-Insel Guadalcanar und erobern sie nach sechsmonatigen erbitterten Kämpfen. Die Offensive gegen die Japaner im Westpazifik wird nach der Strategie des „Inselspringens" fortgesetzt.
7./8. Nov.	Amerikanische und britische Streitkräfte in Stärke von etwa 400 000 Mann landen in MAROKKO UND ALGERIEN. Die deutschen und italienischen Truppen in Nordafrika werden besiegt (Kapitulation am 13. Mai 1943).
1943 24. Jan.	Auf der KONFERENZ VON CASABLANCA (14.-24. Januar) verkünden Präsident Roosevelt und Premierminister Churchill, daß die Feindmächte Deutschland, Italien und Japan zur BEDINGUNGSLOSEN KAPITULATION *(Unconditional Surrender)* gezwungen werden sollen.
27. Jan.	Die amerikanische Luftwaffe beginnt mit Bombenangriffen auf deutsche Städte bei Tage (britische Bomberverbände setzen ihre Nachtangriffe fort).
24. Mai	Nach einer erfolgreicher werdenden Bekämpfung deutscher U-Boote bricht die deutsche Seekriegführung die „Schlacht im Atlantik" (Bekämpfung von Geleitzügen) ab.
8. Sept.	ITALIEN KAPITULIERT nach der Eroberung Siziliens durch amerikanische und britische Truppen (10. Juli–17. August) sowie einem Waffenstillstandsabkommen zwischen den Alliierten und der neu gebildeten Regierung Badoglio (3. September). Starke alliierte Kräfte landen in Italien

(3./9. September) und stehen einer rasch aufgebauten deutschen Verteidigungsfront gegenüber.

19.– 30. Okt. In Moskau erörtern die Außenminister der USA, Großbritanniens und der Sowjetunion politische Probleme der Alliierten Koalition. Zum frühestmöglichen Zeitpunkt soll eine internationale Organisation für Frieden und Sicherheit geschaffen werden.

28. Nov. –1. Dez. Auf der Konferenz von Teheran treffen sich Roosevelt, Churchill und Stalin zum ersten Mal persönlich zu dritt. Sie beraten u.a. über strategische Fragen (Kanalinvasion für Mai 1944 vorgesehen), über die Organisation der Vereinten Nationen nach dem Kriege, die zukünftige Gestalt Polens (Curzon-Linie im Osten, Gebietsgewinne im Westen) und die Behandlung Deutschlands nach seiner Niederlage (Ostgrenzen, Einheit oder Teilung).

1944 6. Juni Amerikanische und britische Verbände in Stärke von etwa 176 000 Mann landen in der Normandie. Mit der Kanalinvasion am „D-Day“ *(Operation Overlord)* gelingt die Errichtung einer zweiten Front gegen Deutschland (Besetzung von Paris am 25. August, Einnahme von Aachen am 21. Oktober).

Abb. 15: Amerikanische Truppen landen in der Normandie am 6. Juni 1944.

21. Aug. –7. Okt.	Auf der KONFERENZ VON DUMBARTON OAKS (Washington, D.C.) arbeiten Vertreter der USA, Großbritanniens, der Sowjetunion und Chinas Vorschläge für eine neue Weltorganisation, die Vereinten Nationen, aus.
20. Okt.	Amerikanische Verbände landen auf den PHILIPPINEN. Zugleich wird in der SCHLACHT IM LEYTE GOLF (22.-25. Oktober) der größte Teil der noch verbliebenen japanischen Flotte vernichtet. Die Rückeroberung der Philippinen beginnt (Einnahme Manilas 4.-24. Februar 1945).
1945 4.-11. Febr.	Auf der KONFERENZ VON JALTA kommen Roosevelt, Churchill und Stalin erneut zusammen. Sie treffen Vereinbarungen u.a. über die gemeinsame Besetzung Deutschlands, Polens „Westverschiebung" und die Gründung der Vereinten Nationen. In einer ERKLÄRUNG ÜBER DAS BEFREITE EUROPA wird den betroffenen Völkern das Recht zuerkannt, „diejenige Regierungsform zu wählen, unter der sie leben möchten". In einem Geheimabkommen erhält die Sowjetunion Rechte in China.
19. Febr. –17. März	Im Westpazifik erobern amerikanische Truppen die Insel Iwo Jima, 750 Meilen südlich von Tokio (seit 1891 in japanischem Besitz).
9./10. März	Von der Marianen-Insel Saipan führen amerikanische Bomber einen schweren Luftangriff auf Tokio aus.
1. April –21. Juni	Amerikanische Truppen erobern unter heftigen und verlustreichen Kämpfen die Riukiu-Insel Okinawa, 370 Meilen südwestlich der japanischen Hauptinseln.
12. April 1945–1953	Nach dem unerwarteten Tod Franklin Delano Roosevelts übernimmt der bisherige Vizepräsident HARRY S. TRUMAN (Demokrat; *1884, †1972) das Präsidentenamt; er führt die Politik seines Vorgängers mit innenpolitischen Reformen und weltpolitischem Engagement fort. In seine erste Amtsperiode fallen das Ende des Zweiten Weltkrieges, Normalisierungs- und Wiederaufbaumaßnahmen und der Beginn des Ost-West-Konflikts.
1945 8. Mai	Mit dem V-E DAY *(Victory Europe Day)*, dem Tag der deutschen Kapitulation (die zuerst in Reims am 7. Mai unterzeichnet und am folgenden Tage in Berlin-Karlshorst wiederholt wird), ist der Zweite Weltkrieg in Europa zu Ende.

11. Mai Die Vereinigten Staaten stellen die Pacht- und Leihhilfe an ihre Verbündeten auf dem europäischen Kriegsschauplatz ein.

5. Juni Entsprechend früheren Vereinbarungen der Alliierten (Europäische Beratungskommission, Jalta-Konferenz) beginnt in DEUTSCHLAND die VIERMÄCHTEVERWALTUNG, an der die Vereinigten Staaten beteiligt sind. Die amerikanische Besatzungszone und der amerikanisch besetzte Sektor Berlins unterstehen einer Militärregierung. Erster Militärgouverneur, zugleich amerikanischer Vertreter im Alliierten Kontrollrat, ist General Dwight D. Eisenhower. Ihm folgen die Generäle (November 1945) Joseph Taggert McNarney (* 1893, † 1972) und (März 1947) Lucius Dubignon Clay (* 1897, † 1978). Die amerikanische Besatzungspolitik – Entmilitarisierung, Entnazifizierung, Demokratisierung – ist in der Direktive JCS 1067 geregelt (1947 revidiert: JCS 1779).

26. Juni Mit 49 anderen Staaten unterzeichnen die USA zum Abschluß der Konferenz von San Francisco (begonnen am 25. April) die CHARTA DER VEREINTEN NATIONEN (UNO). 1946 beschließen die Vereinten Nationen, ihren ständigen Sitz in den Vereinigten Staaten zu errichten (John Davison Rockefeller jun., * 1874, † 1960, stiftet 8,5 Millionen Dollar zum Ankauf des Geländes in New York).

16. Juli Auf dem Versuchsgelände von Alamogordo (Bundesstaat Neumexiko) wird die ERSTE ATOMBOMBE zur Explosion gebracht.

17. Juli –2. Aug. Auf der POTSDAMER KONFERENZ, der letzten Gipfelkonferenz der „Großen Drei“ (USA, UdSSR, Großbritannien) im Zweiten Weltkrieg, erörtern Präsident Truman mit dem britischen Premierminister Winston Churchill (bzw. Clement Attlee, der diesen auf der Konferenz ablöst) und dem sowjetischen Partei- und Regierungschef Josef Stalin u.a. Neuordnungsfragen in Europa und die Besatzungspolitik in Deutschland. Sie treffen u.a. Vereinbarungen über die Ausübung der Regierungsgewalt in Deutschland, deutsche Reparationsleistungen, die Oder-Neiße-Linie als Westgrenze polnischer Verwaltung, einen „Transfer“ deutscher Bevölkerung aus Polen, der Tschechoslowakei und Ungarn nach

Abb. 16: Schlußsitzung der Gründungskonferenz der Vereinten Nationen in San Francisco (26. Juni 1945): Ansprache von Präsident Truman.

dem Westen und die gerichtliche Verfolgung deutscher Kriegsverbrecher. Ein Außenministerrat der Großmächte (USA, Sowjetunion, Großbritannien und Frankreich) soll Friedensverträge mit Italien, Rumänien, Bulgarien, Ungarn und Finnland ausarbeiten sowie einen Friedensvertrag mit einer deutschen Regierung für den Zeitpunkt vorbereiten, zu dem eine solche in angemessener Form wieder besteht. Japan wird (ohne Erfolg) zur Kapitulation aufgefordert.

6./9. Aug. Mit dem Abwurf von zwei ATOMBOMBEN auf HIROSHIMA und NAGASAKI zwingen die USA Japan zur Beendigung des Krieges.

14. Aug. Mit dem V-J DAY *(Victory Japan Day)*, dem Tag der japanischen Kapitulation, ist der Zweite Weltkrieg auch in Ostasien zu Ende. Japan wird von amerikanischen Streitkräften besetzt. Der japanische Kaiser (Tenno) behält seine Stellung, der japanische Verwaltungsapparat bleibt bestehen. Entmilitarisierung und Demokratisierung werden jedoch von General Douglas MacArthur, dem Oberkommandierenden der Besatzungstruppen, kontrolliert.

21. Aug. Das amerikanische Pacht- und Leihprogramm der Kriegszeit ist beendet.

Die Vereinigten Staaten in der Nachkriegszeit (1945–1961)

Im Kriege haben die Vereinigten Staaten ihre militärischen, wirtschaftlichen und technischen Ressourcen in nie zuvor gekanntem Maße mobilisiert. Außer den Streitkräften ist auch die staatliche Verwaltung erheblich ausgebaut worden. Nach dem Siege ergeben sich neue Aufgaben, die nicht leicht zu lösen sind, vor allem die UMSTELLUNG DES EIGENEN LANDES AUF FRIEDENSVERHÄLTNISSE. In der westlichen Welt besitzen die USA weiterhin eine kaum bestrittene FÜHRUNGSPOSITION. Sie bemühen sich um die Wiederherstellung einer friedlichen Weltordnung im Einklang mit ihren gesellschaftlichen, wirtschaftlichen und politischen Wertvorstellungen. Sie nehmen maßgebenden Anteil an der Besatzungspolitik in den ehemaligen Feindländern, unterstützen befreite Länder und bemühen sich um die Verwirklichung eines Systems der kollektiven Sicherheit. Ein Rückfall in den Isolationismus – wie nach dem Ersten Weltkrieg – findet nicht statt. Der größte Teil der amerikanischen Streitkräfte wird zunächst demobilisiert. Die Entzweiung der ehemaligen Alliierten (Westmächte/UdSSR) und der offene Ausbruch des Ost-West-Konflikts sind 1945 noch nicht klar abzusehen. Die Vereinigten Staaten leisten seit 1943 im Rahmen der UNITED NATIONS RELIEF AND REHABILITATION ADMINISTRATION (UNRRA) umfangreiche Hilfsmaßnahmen zur Linderung der Not in den vom Kriege betroffenen Ländern Europas (bis 1947) und Asiens (bis 1949).

Die INNENPOLITISCHE SITUATION von 1945 bis 1947 ist durch soziale und wirtschaftliche Umstellungsprobleme im Übergang auf Friedensverhältnisse bestimmt. Aus dem Kriege heimkehrende Soldaten erhalten aufgrund der G. I. Bill von 1944 Unterhalt und freie Ausbildung an Schulen und Universitäten. Die befürchtete große Wirtschaftskrise bleibt aus, aber die WÄHRUNGSVERHÄLTNISSE lassen sich nicht stabil halten. Die Kaufkraft der Bevölkerung ist groß. Die LEBENSMITTELRATIONIERUNG wird Ende 1945 weitgehend aufgehoben. PREISKONTROLLEN, die Präsident Truman fortführen möchte, werden unter Druck der Produzenten und der Geschäftswelt 1946 schrittweise abgebaut. Die Preise steigen, die Lebenshaltungskosten erhöhen sich von 1946 bis 1948 um 50 Prozent. Die GEWERKSCHAFTEN, deren Mitgliederzahlen bis 1947 auf 22,4 Prozent aller Arbeitnehmer anwachsen, fordern höhere Löhne. Im November 1945 beginnt ein STREIK von 180 000 Arbeitern der Automobilindustrie. Streiks in der Stahl-, Fleischkonserven- und Elektroindustrie folgen. Im Februar 1946 befinden sich 1,6 Millionen Arbeiter im Ausstand. Lohnerhöhungen werden genehmigt. Eine erneute Streikwelle (Bergarbeiter und Eisenbahner) spitzt die Situation im Lande kritisch zu und bewirkt Restriktionen: Am 23. Juni 1947 setzt der Kongreß gegen Trumans Veto das TAFT-HARTLEY-GESETZ durch. Dieses verbietet den Gewerkschaftszwang für Arbeitnehmer, erlaubt gerichtliches Vorgehen der Unternehmer gegen Gewerkschaften, die Tarifverträge brechen, verpflichtet Gewerkschaften zur Offenlegung ihrer Finanzen und setzt unter bestimmten Voraussetzungen eine 60-Tage-Abkühlungsperiode vor dem Beginn von Streikmaßnahmen fest.

Präsident Harry S. Truman setzt den *New Deal* seines Vorgängers Franklin D. Roosevelt fort. Sein eigenes sozialpolitisches Programm, auch als *Fair Deal* bezeichnet, bleibt jedoch weitgehend unausgeführt (z.B. Bürgerrechtsgesetzgebung, nationale Krankenversicherung). Nur Ansätze lassen sich verwirklichen, u.a. die Beendigung der Rassendiskriminierung in den Streitkräften und in den Behörden, Erweiterung der Sozialversicherung und ein Wohnungsbaugesetz. Unter der SCHWARZEN BEVÖLKERUNG setzt eine starke Süd-Nord-Wanderung in die Industriezentren ein. Ab 1946 steigen die Einwanderzahlen wieder auf über 100 000 im Jahr, jedoch gelingt es dem Präsidenten nicht, die Quotengesetzgebung zu liberalisieren. Im MCCARRAN-WALTER ACT (1952) wird nur die Diskriminierung von Asiaten beseitigt. Truman bemüht sich, Arbeitskämpfe in Krisenzeiten zu verhindern.

1945 11. Sept. — Außenminister JAMES FRANCIS BYRNES (Demokrat, * 1879, † 1972) vertritt die Vereinigten Staaten auf der ersten Konferenz des Außenministerrates der Großmächte in London.

2. Okt. — Es folgen Konferenzen in Moskau (1945), Paris und New York (1946), Moskau und London (1947), auf denen die FRIEDENSVERTRÄGE für Italien, Ungarn, Bulgarien, Rumänien und Finnland ausgearbeitet werden. Über einen Staatsvertrag mit Österreich und einen Friedensvertrag mit Deutschland erzielt der Außenministerrat keine Einigung.

14. Nov. — In NÜRNBERG beginnt der PROZEß DES INTERNATIONALEN MILITÄRGERICHTSHOFES gegen deutsche Hauptkriegsverbrecher (beendet am 1. Oktober 1946). In Tokio findet von 1946 bis 1948 ein ähnlicher Prozeß gegen japanische Hauptkriegsverbrecher statt.

Abb. 17: Atombombenexplosion auf dem Bikini-Atoll (1946): Die Bombe wurde in 30 Meter Wassertiefe gezündet und schleuderte über eine Million Tonnen Wasser in die Luft. Der Pilz wuchs drei Kilometer hoch.

1946 14. Juni Der amerikanische Vertreter in der Atomenergiekommission der Vereinten Nationen, BERNARD MANNES BARUCH (* 1870, † 1965), legt einen Plan zur internationalen Kontrolle der Atomenergie und zur Atomabrüstung vor, der von sowjetischer Seite mit der Forderung nach Atomwaffenverbot, jedoch ohne internationale Kontrolle, beantwortet wird. Eine Einigung kommt nicht zustande.

1. Juli Beginn einer Reihe amerikanischer ATOMBOMBENTESTS auf dem BIKINI-ATOLL im Pazifik.

4. Juli Präsident Truman proklamiert die Unabhängigkeit der Philippinen entsprechend dem Tydings-McDuffie-Act von 1934. Die USA zahlen 620 Millionen Dollar Rehabilitierungsgelder und erhalten dafür Freihandelsrechte bis zum Jahre 1974.

1. Aug. Der Kongreß in Washington beschließt, eine nationale Atomenergiekommission zu errichten, um Atomenergie für zivile Zwecke nutzbar zu machen.

6. Sept. Der amerikanische Außenminister James F. Byrnes kritisiert in einer Rede in Stuttgart den Alliierten Kontrollrat und kündigt eine Wiederaufbaupolitik für Deutschland, notfalls auch ohne die Sowjetunion, an (1. Januar 1947 Gründung der Bizone).

1947 20. Jan. Die Vereinigten Staaten unterzeichnen in Washington die vom Außenministerrat der Großmächte erarbeiteten FRIEDENSVERTRÄGE mit ITALIEN, UNGARN, RUMÄNIEN, BULGARIEN UND FINNLAND. Die übrigen Siegermächte unterzeichnen am 10. Februar in Paris. Der amerikanische Senat ratifiziert die Verträge am 4. Juni. Nach allgemeiner Ratifizierung treten sie am 15. September in Kraft. Die besiegten Staaten müssen Reparationen zahlen, ihre Streitkräfte beschränken und (außer Bulgarien) Gebiete abtreten.

DER KALTE KRIEG

GEORGE FROST KENNAN (*1904; 1944–1946 amerikanischer Geschäftsträger in Moskau; 1947 Chef des Planungsstabes des State Department) formuliert die amerikanische Strategie des „KALTEN KRIEGES"(sog. X-Artikel 1947 in der Zeitschrift *Foreign Affairs*): In nüchterner Einschätzung der sowjetischen Expansion und im Vertrauen auf die eigene Stärke sollten die für den Kommunismus anfälligen Länder vor allem mit wirtschaftlichen Mitteln unterstützt und dadurch Machterweiterungen des Gegners „eingedämmt" werden (POLITIK DES „CONTAINMENT"). Kennans Formulierungen entsprechen der Vorstellung vieler Amerikaner, die sich vom Vorgehen der Sowjetunion, vor allem in Osteuropa, provoziert fühlen. Andererseits warnen Kritiker der neuen Eindämmungsstrategie vor einer Unterstützung antikommunistischer, aber illiberaler Staaten, vor einer antisowjetischen Außenpolitik schlechthin und vor einem neuen weltpolitischen Engagement. Dramatische Vorgänge zur Abrundung des Ostblocks wie der Staatsstreich in der Tschechoslowakei (Februar 1948) und die Berliner Blockade (1948 bis 1949) lassen die kritischen Stimmen jedoch bald verstummen. Im WELTKONFLIKT DER MACHTBLÖCKE wächst bei den Amerikanern die Furcht vor dem eventuellen Gegner im eigenen Land. Es kommt zu Verfolgungen von Kommunisten und des Kommunismus Verdächtigter, die zeitweilig hysterische Formen annehmen (MCCARTHYISM, nach Senator Joseph R. McCarthy). Im Verlauf des Ost-West-Konflikts rüsten die Vereinigten Staaten erneut auf und mobilisieren ihr großes wirtschaftlich-technisches Potential. Bedingt durch die Rivalität zwischen Ost und West werden Waffensysteme weiterentwickelt, die letzten Endes zum „ATOMAREN PATT" und „GLEICHGEWICHT DES SCHRECKENS" führen. Der Konflikt wird nicht nur mit Mitteln der Rüstung, des Militäreinsatzes und der Machtpolitik, sondern auch mit einer intensiven Propaganda ausgefochten (psychologische Kriegführung).

12. März Präsident Truman fordert in einer Botschaft an den Kongreß (sog. TRUMAN-DOKTRIN) die wirtschaftliche und militärische Unterstützung Griechenlands und der Türkei, um diese Länder vor „AGGRESSIVEN SCHRITTEN ZUR ERRICHTUNG TOTALITÄRER REGIME" zu schützen. Der Senat befürwortet dies mit 67 zu 23, das Repräsentantenhaus mit 287 zu 107 Stimmen. Für Hilfsmaßnahmen werden bis 1949 625 Millionen Dollar bewilligt.

22. März Mit der *Truman Loyalty Order* wird die Überprüfung der Regierungsbediensteten hinsichtlich ihrer Verfassungstreue und einer eventuellen Beteiligung an subversiven Aktionen eingeleitet. 1948 wird Alger Hiss, ein ehemaliger Beamter des Außenministeriums, wegen Übermittlung von vertraulichen Dokumenten an die Sowjetunion vor Gericht gestellt (Schuldspruch wegen Meineides 1950).

24. März Der 22. VERFASSUNGSZUSATZ verbietet, daß ein amerikanischer Präsident länger als zwei Vierjahresperioden sein Amt ausübt (F. D. Roosevelt war viermal gewählt worden). Die Ratifizierung durch die Einzelstaaten erfolgt bis 1951.

12. April Die Vereinten Nationen übertragen den USA die Treuhandverwaltung der ehemaligen JAPANISCHEN INSELN im Pazifik.

5. Juni In einer Rede an der Harvard University kündigt Außenminister GEORGE CATLETT MARSHALL (*1880, †1959) ein umfassendes wirtschaftliches Hilfsprogramm für das notleidende und wirtschaftlich stagnierende Europa an (MARSHALL-PLAN). Zweck der Hilfe sei „die Wiederherstellung einer funktionierenden Weltwirtschaft, und damit auch die Herstellung politischer und sozialer Verhältnisse, die zum Existieren freiheitlicher Institutionen nötig" seien.

23. Juni Verabschiedung des Taft-Hartley-Gesetzes durch den Kongreß gegen das Veto von Präsident Truman.

2. Juli Auf einer Konferenz der Außenminister Großbritanniens, Frankreichs und der Sowjetunion lehnt der sowjetische Außenminister WJATSCHESLAW MOLOTOW den Marshall-Plan für sein Land ab. Die übrigen Ostblockstaaten und Finnland sehen sich gezwungen, Folge zu leisten. Westdeutschland wird später in das Hilfsprogramm einbezogen.

26. Juli Ein *National Security Act* faßt die bislang getrennt verwalteten amerikanischen Streitkräfte unter einem neuen Verteidigungsministerium zusammen (erster Verteidigungsminister wird James V. Forrestal; * 1892, † 1949). Ein ständiger Rat wird errichtet, der die inneren, auswärtigen und militärischen Maßnahmen zur Erhaltung der nationalen Sicherheit koordinieren soll. Die Nachrichtendienste der verschiedenen Behörden werden in der *Central Intelligence Agency* (CIA) zusammengefaßt.

2. Sept. Im VERTRAG VON RIO DE JANEIRO vereinbaren die Vereinigten Staaten und die lateinamerikanischen Länder gegenseitige Hilfe im Falle eines Angriffs.

31. Okt. Die Vereinigten Staaten unterzeichnen zusammen mit 22 anderen Staaten in Genf das GATT-ABKOMMEN *(General Agreement on Tariffs and Trade),* dem später viele weitere Staaten (aus dem Ostblock jedoch nur die Tschechoslowakei), beitreten (in Kraft am 1. Januar 1948). Durch die Herabsetzung der Zölle und den Abbau von Handelsbarrieren soll ein möglichst freier Weltmarkt geschaffen werden. Sitz ist Genf, Organe sind die GATT-Versammlung und (seit 1960) der GATT-Rat.

17. Dez. Der amerikanische Kongreß billigt das *European Recovery Program* (ERP), worauf 16 west- und südeuropäische Teilnehmerstaaten die *Organization for European Economic Cooperation* (OEEC) als internationale Koordinierungsinstanz gründen (16. April 1948). Bilaterale Verträge zwischen den Vereinigten Staaten und den Teilnehmerstaaten folgen. Von 1948 bis 1951 leisten die Vereinigten Staaten Hilfe im Wert von insgesamt 12,4 Milliarden Dollar (überwiegend nicht rückzahlbar). Das Europäische Wirtschaftsprogramm trägt erheblich zur wirtschaftlichen und politi-

schen Stabilisierung des nichtkommunistischen Europas bei und wird Vorbild für weitere Auslandshilfeprogramme.

1948 30. April Als panamerikanisches Verteidigungssystem wird die ORGANISATION AMERIKANISCHER STAATEN (OAS) gegründet, ein Regionalpakt in Übereinstimmung mit Artikel 52 der Charta der Vereinten Nationen. Sitz ist Washington, D.C. Hauptorgane sind die Generalversammlung und der ständige Rat.

11. Juni In einer von Senator Arthur Hendrick Vandenberg (Republikaner; * 1884, † 1951) eingebrachten Resolution empfiehlt der Senat, die nationale Sicherheit durch weitere regionale und kollektive Verteidigungsabsprachen zur gegenseitigen Hilfe zu stärken.

24. Juni Der Kongreß beschließt im *Selective Service* Act die Wehrpflicht für Männer im Alter zwischen 19 und 26 Jahren.

23. Febr. –2. Juni Auf der LONDONER SECHSMÄCHTEKONFERENZ empfehlen die Vereinigte Staaten, Großbritannien, Frankreich und die Benelux-Staaten die wirtschaftliche Integration Westdeutschlands in Westeuropa und die Errichtung eines westdeutschen Staates.

26. Juni Nachdem in den westlichen Besatzungszonen und in der Sowjetzone Deutschlands unterschiedliche Währungsreformen durchgeführt worden sind, blockiert die sowjetische Militärverwaltung die Zugangswege nach West-Berlin. Die BERLINER BLOCKADE wird durch eine auf Vorschlag des amerikanischen Militärgouverneurs Lucius D. Clay errichtete Luftbrücke überwunden. Beendigung der Blockade (12. Mai 1949) aufgrund des JESSUP-MALIK-ABKOMMENS vom 4. Mai 1949.

2. Nov. Trotz Gegnerschaft in der eigenen Partei (Abspaltung der Progressive Party und Absonderung der Südstaaten-Demokraten) wird HARRY S. TRUMAN gegen den Republikaner Thomas Edmund Dewey (* 1902, † 1971) mit klarer Mehrheit für eine zweite Amtszeit als Präsident der Vereinigten Staaten gewählt.

1949 19. Jan. In seiner Antrittsrede zu Beginn der zweiten Amtszeit kündigt Truman ein Programm zur technischen und industriellen Unterstützung der Entwicklungsländer an (Punkt-Vier-Programm). Der Kongreß bewilligt (am 24. Juni) zunächst

Abb. 18: Berliner Luftbrücke (1948).

45 Millionen Dollar. Die Entwicklungshilfe wird zum wichtigen Instrument der amerikanischen Außenpolitik.

4. April In Washington unterzeichnen die Außenminister der Vereinigten Staaten, Kanadas, Großbritanniens, Frankreichs, der Benelux-Staaten, Italiens, Portugals, Dänemarks, Norwegens und Islands den NORDATLANTIKPAKT (*North Atlantic Treaty Organisation*, NATO) zur gemeinsamen Verteidigung im Falle eines Angriffs auf einen Mitgliedstaat. Ein Ministerrat wird als Leitungsgremium und ein gemeinsames Oberkommando als militärisches Führungsorgan errichtet. Weitere Staaten, u.a. die Bundesrepublik Deutschland, treten der NATO später bei.

8. April In Washington beschließen die Außenminister der Vereinigten Staaten, Großbritannien und Frankreichs als Vorbereitung zur GRÜNDUNG EINES WESTDEUTSCHEN STAATES den Zusammenschluß ihrer Besatzungszonen, ein Besatzungsstatut und einen neuen Industrieplan für Deutschland.

Aug. Mit der Explosion einer sowjetischen Atombombe ENDET das AMERIKANISCHE KERNWAFFENMONOPOL. Die Konstruktion der Wasserstoffbombe wird deshalb mit Beschleunigung vorangetrieben.

1. Okt. Der SIEG DER KOMMUNISTEN IN CHINA und die Ausrufung der Volksrepublik in einer Zeit erfolgreicher Eindämmungspolitik in Europa lösen eine heftige Kontroverse über die amerikanische Chinapolitik aus. In einem *China White Paper* des Außenministeriums (5. August) wird der chinesischen Nationalregierung die Schuld für die Niederlage gegeben. Amerikanische Versuche, zwischen Nationalchinesen und Kommunisten zu vermitteln, sind gescheitert. Die Chinahilfe endet. Etwa 2 Milliarden Dollar Unterstützung sind der Regierung Chiang Kai-shek (1945–1949) gewährt worden, wovon ein großer Teil in kommunistische Hand geraten ist.

1950
25. Juni Das Vordringen NORDKOREANISCHER TRUPPEN über den 38. Breitengrad nach Süden, ein Hilferuf Südkoreas und der Aufruf des UN-Sicherheitsrates, Südkorea Hilfe zu leisten, veranlassen Truman, amerikanische Streitkräfte dorthin zu entsenden. Im folgenden KOREA-KRIEG übernehmen die USA die Leitung der Gegenoperationen. An ihnen beteiligen sich Truppenverbände von 16 UN-Mitgliedstaaten. Das Oberkommando untersteht General Douglas MacArthur. Die UN-Truppen überschreiten (8. Oktober) den 38. Breitengrad nach dem Norden und dringen bis zur chinesischen Grenze vor. Das Eingreifen rotchinesischer Verbände (26. November) erzwingt den Rückzug der UN-Truppen auf eine Linie nördlich des 38. Breitengrades.

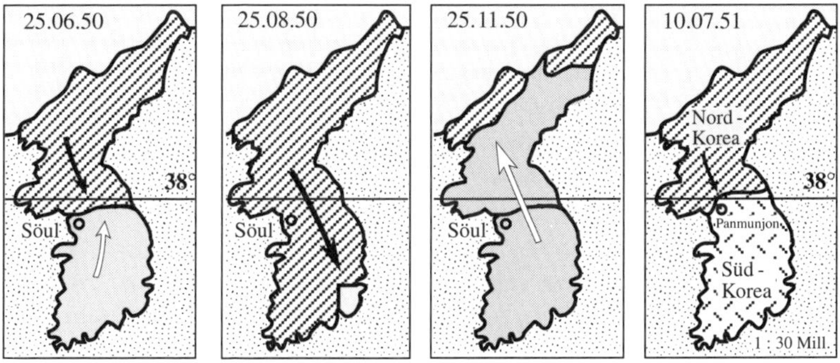

Die Entwicklung des Koreakrieges: Ausgangslage, Vorstoß der Nordkoreaner, Vorstoß der UN-Truppen, Waffenstillstandslinie.

23. Sept. Gegen Trumans Veto verabschiedet der Kongreß ein Gesetz zur Überwachung kommunistischer Organisationen und zur Internierung von Kommunisten während eines nationalen Notstandes *(McCarran Internal Security Act).*

1951
29. März Nachdem ein britisches Gericht den Atomphysiker Klaus Fuchs (* 1911), der an der Entwicklung der amerikanischen Atombombe gearbeitet hatte, wegen Geheimnisverrats an die Sowjetunion zu Gefängnis verurteilt hat (1950), werden Julius (* 1916, † 1953) und Ethel Rosenberg (* 1918, † 1953) wegen des gleichen Delikts von einem amerikanischen Gericht zum Tode verurteilt und hingerichtet.

11. April General MacArthur wird durch General Matthew Bunker Ridgway (* 1895) ersetzt, weil er sich im Gegensatz zur Regierung öffentlich für die Bombardierung von Stützpunkten in China und für einen bedingungslosen Siegfrieden in Korea ausgesprochen hat.

10. Juli In KOREA, wo die Kämpfe zum Stehen gekommen sind, beginnen WAFFENSTILLSTANDSVERHANDLUNGEN, die sich bis 1953 hinziehen. Im Kriege haben 54 246 Amerikaner ihr Leben verloren, 103 284 wurden verwundet.

1. Sept. Die Vereinigten Staaten, Australien und Neuseeland schließen gemeinsam einen Sicherheitspakt ab (ANZUS: Australia, New Zealand, USA).

8. Sept. In San Francisco wird ein von den Vereinigten Staaten vorbereiteter FRIEDENSVERTRAG zwischen JAPAN und 49 Gegnerstaaten des Zweiten Weltkrieges (allen außer der Sowjetunion und Indien) abgeschlossen. Ein bilateraler Sicherheitsvertrag vom gleichen Tage erlaubt die weitere Stationierung amerikanischer Truppen in Japan.

1952
3. März Puerto Rico erhält den Status eines „freien Commonwealth, freiwillig assoziiert mit den Vereinigten Staaten" (in Kraft 25. Juli).

1. Nov. Auf dem Eniwetok-Atoll (Marshall-Inseln) im Pazifik wird die ERSTE AMERIKANISCHE WASSERSTOFFBOMBE zur Explosion gebracht. Nach der Explosion einer sowjetischen Wasserstoffbombe (am 9. August 1953) ist das „ATOMARE PATT" jedoch wiederhergestellt.

4. Nov. General Dwight David Eisenhower, während des Zweiten Weltkrieges Oberbefehlshaber der Alliierten Streitkräfte in

Europa, Kandidat der Republikanischen Partei, siegt im Wahlkampf über den Demokraten Adlai Ewing Stevenson (* 1900, † 1965) und wird Präsident der Vereinigten Staaten (1953–1961). Vizepräsident wird Richard Milhous Nixon (* 1913).

Die Ära Eisenhower 1953–1961

Der Parteienwechsel im Präsidentenamt nach zwanzig Jahren demokratischer Vorherrschaft führt nicht zu grundlegenden Veränderungen in der Innen- und Außenpolitik. Die Eisenhower-Administration verfolgt einen „liberal-konservativen“ Kurs, führt aber den aus der Ära Franklin D. Roosevelt überkommenen *New Deal* fort und verbessert die Sozialversicherung. Im Ost-West-Konflikt verfolgt Amerika eine „Politik der Stärke“. Außenminister John Foster Dulles (* 1888, † 1959) bezeichnet die amerikanische Politik gegenüber der Sowjetunion als „*Brinkmanship*“ (Bereitschaft, „bis an den Rand des Abgrundes zu gehen“). Nachdem die Vereinigten Staaten das Wasserstoffbombenmonopol eingebüßt haben (sowjetische H-Bombe), soll die Drohung mit „massiver Vergeltung“ den Gegner von einem Atomwaffenangriff abhalten.
Das Bruttosozialprodukt steigt von 286 Milliarden (1950) auf 506 Milliarden Dollar (1960). Die wirtschaftliche Prosperität resultiert aus dem wachsenden Konsum der „Überflußgesellschaft“, aber auch aus den hohen Rüstungsausgaben in der Zeit des Ost-West-Konfliktes. Das Einkommen ist weiterhin sehr ungleich verteilt. In wirtschaftlich wenig entwickelten Gebieten, z. B. in den Appalachen und den Ozarks, herrscht nach wie vor Armut. Wirtschaftliche Rezessionen unterbrechen kurzfristig die Expansion: 1948–1949 (5,5 Prozent Arbeitslose), 1953–1954 (5 Prozent), 1957–1958 (6,8 Prozent), 1960–1961 (6,7 Prozent). Die Konzentration wirtschaftlicher Unternehmungen wächst. Auslandsinvestitionen, Auslandshilfe, Truppenstationierungen in Übersee und ein reger Tourismus führen zu einer negativen Zahlungsbilanz. Die Bevölkerungszahl steigt von 151 Millionen 1950 auf 179 Millionen 1960, die Zahl der Studenten an Colleges und Universitäten von 2,2 Millionen 1950 auf 3,6 Millionen 1960.
In Protesten gegen die immer noch bestehende Rassentrennung formiert sich eine neue Bürgerrechtsbewegung.

1953 1. März	Für die Ressorts Gesundheit, Erziehung und Wohlfahrt wird ein neues Bundesministerium errichtet.
27. April	Eisenhowers Sicherheitsprogramm setzt anstelle des Prinzips der Verfassungstreue das Prinzip des „Sicherheitsrisikos“ als Kriterium für eine Entlassung aus dem Staatsdienst fest.
27. Juli	In P'anmunjŏn (KOREA) wird ein WAFFENSTILLSTAND vereinbart. Die Demarkationslinie entspricht dem Frontverlauf in der Nähe des 38. Breitengrades.
1954 22. April –17. Juni	Anhörverfahren eines Untersuchungsausschusses des Senats unter Joseph Raymond McCarthy (Republikaner, * 1909, † 1957) zur Aufdeckung prokommunistischer Umtriebe finden ihren Höhepunkt in Vernehmungen (mit Fernsehübertragung) des Heeresministers Robert T. Stevens (* 1899). Die Methoden des Senators, vor allem seine nicht beweisbaren Anschuldigungen, werden scharf kritisiert, u.a. von Präsident Eisenhower.
17. Mai	Das Oberste Bundesgericht entscheidet im Falle Brown versus Board of Education of Topeka, daß die Rassentrennung an den Schulen dem Gleichheitsprinzip des 14. Verfassungszusatzes (1866) widerspricht. Damit ist die frühere Doktrin *„Separate but equal“* (Plessy versus Ferguson, 1896) aufgehoben und der Weg zur rassischen Integration der Schulen juristisch geebnet. In der Folgezeit versuchen die *White Citizens Councils,* die Integration zu hintertreiben.
18.–29. Juni	Die Central Intelligence Agency (CIA) unterstützt eine Invasion von Exilguatemalteken aus Honduras, die die Regierung in Guatemala stürzen. Diese hat zuvor den Landbesitz der United Fruit Company enteignet und aus dem Ostblock Waffen bezogen.
24. Aug.	Durch ein GESETZ ZUR KONTROLLE DES KOMMUNISMUS verliert die Kommunistische Partei der Vereinigten Staaten ihren rechtlichen Status.
8. Sept.	In Manila unterzeichnen Vertreter der USA, Großbritanniens, Frankreichs, Australiens, Neuseelands, Pakistans, der Philippinen und Thailands einen Vertrag zur Gründung der *South East Asia Treaty Organization* (SEATO), eines Gegenstücks zur NATO (aber ohne automatische Beistands-

pflicht und gemeinsames Oberkommando) im pazifischen Raum.

23. Okt. Die Vereinigten Staaten unterzeichnen zusammen mit Großbritannien, Frankreich und der Bundesrepublik Deutschland die PARISER VERTRÄGE: die Bundesrepublik soll souverän werden; aus den Besatzungstruppen sollen Stationierungstruppen werden, die der gemeinsamen Verteidigung dienen; die Bundesrepublik verzichtet auf ABC-Waffen und soll in die NATO aufgenommen werden.

2. Dez. Die Vereinigten Staaten und Nationalchina (Taiwan) schließen einen Verteidigungspakt ab.

3. Dez. Der Senat verurteilt Senator McCarthys Praktiken in der Verfolgung angeblicher Kommunisten mit 67 zu 22 Stimmen. Damit ist der Einfluß des Hauptexponenten der Kommunistenverfolgung in den Vereinigten Staaten gebrochen.

1955 Mit INKRAFTTRETEN DER PARISER VERTRÄGE endet die ameri-
5. Mai kanische Besatzungspolitik in Deutschland. Die Bundesrepublik Deutschland wird ein souveräner Staat und am 9. Mai in die NATO aufgenommen.

15. Mai Die Vereinigten Staaten unterzeichnen zusammen mit der Sowjetunion, Großbritannien und Frankreich den ÖSTERREICHISCHEN STAATSVERTRAG (in Kraft am 27. Juli): Österreich wird unabhängig. Die Besatzungstruppen verlassen das Land. Österreich verpflichtet sich, keine politische oder wirtschaftliche Vereinigung mit Deutschland einzugehen und beschließt seine „immerwährende Neutralität".

21. Juli Auf der Genfer Gipfelkonferenz empfiehlt Präsident Eisenhower den Regierungen Großbritanniens, Frankreichs und der Sowjetunion den Austausch von Rüstungsinformationen und die Zulassung gegenseitiger Luftinspektionen *(open skies)*. Der Vorschlag wird abgelehnt. Im folgenden Jahr beginnen geheime amerikanische Erkundungsflüge über der Sowjetunion (U2-Flugzeuge). Erst nach dem Ende des Kalten Krieges, am 21. März 1992, kommt ein Vertrag über *open skies* zustande.

5. Dez. Die großen Gewerkschaften *American Federation of Labor* (AFL) und *Congress of Industrial Organizations* (CIO; ausgeschlossen aus der AFL 1937) vereinigen sich in der AFL-CIO mit etwa 15 Millionen Mitgliedern.

1956 19. Juli Nach Waffenkäufen Ägyptens in Ostblockländern ziehen die Vereinigten Staaten und die Weltbank ihr Angebot zur Mitfinanzierung des NILSTAUDAMMES bei ASSUAN zurück. ÄGYPTEN VERSTAATLICHT daraufhin den SUEZKANAL am 26. Juli.

31. Okt. Präsident Eisenhower begrüßt die UNGARISCHE ERHEBUNG (seit 23. Oktober). Unmittelbare Hilfe kann jedoch nicht gewährt werden. 14316 Flüchtlinge werden aufgenommen. Nach AUSBRUCH DER SUEZKRISE (militärisches Vorgehen Israels, Großbritanniens und Frankreichs gegen Ägypten) verurteilt Präsident Eisenhower die Gewaltanwendung als Mittel zur Regelung internationaler Streitigkeiten. Die Vereinigten Staaten fordern die Einstellung der Feindseligkeiten (diese erfolgt am 6. November).

13. Nov. In Montgomery (Alabama) erzwingen schwarze Amerikaner – unter der Führung des Baptistenpfarrers MARTIN LUTHER KING (*1929, †1968) – nach einem siebenmonatigen Boykott der Omnibusse die Aufhebung der Rassentrennung in diesem Verkehrsmittel. King gründet im folgenden Jahr die *Southern Christian Leadership Conference* zur Durchsetzung der Rassenintegration mit friedlichen Mitteln.

29. Nov. Die Vereinigten Staaten erklären, daß sie den BAGDAD-PAKT, ein Verteidigungsbündnis der Türkei und des Irak von 1955, unterstützen werden. Im folgenden Jahr treten sie dem Militärischen Ausschuß dieser nahöstlichen Organisation bei.

1957 5. Jan. In einer Botschaft an den Kongreß schlägt Eisenhower die militärische Zusammenarbeit mit Nahost-Staaten vor, die einem kommunistischen Angriff ausgesetzt sind und amerikanische Hilfe erbitten (EISENHOWER-DOKTRIN, offizielle Verkündung 9. März). Der Kongreß ermächtigt ihn dazu und bewilligt dafür 200 Millionen Dollar.

9. Sept. Ein BÜRGERRECHTSGESETZ (das erste seit 1875) sieht die Einsetzung einer Bundeskommission vor, die Verletzungen des Wahlrechts und der Bürgerrechtsgesetze aufgrund von Hautfarbe, Rasse, Religion und nationaler Herkunft untersuchen soll. Im Justizministerium wird eine Bürgerrechtsabteilung eingerichtet.

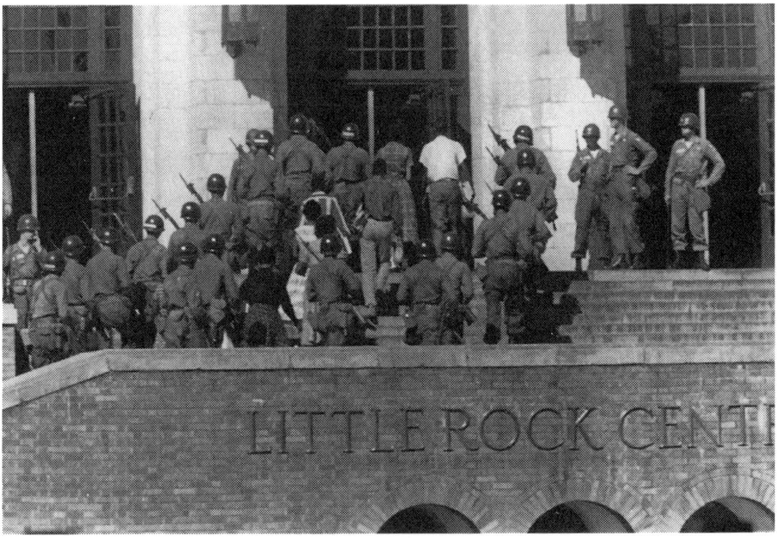

Abb. 19: Während der Rassenunruhen in Little Rock, Arkansas, müssen Schüler schwarzer Hautfarbe von Bundestruppen in das Schulgebäude begleitet werden, weil sie sonst von der weißen Miliz daran gehindert würden.

24. Sept. In Little Rock (Arkansas) werden Bundestruppen eingesetzt, um schwarzen Schülern den ihnen vom Gouverneur Orval Eugene Faubus (* 1910) und Gegnern der Rassenintegration verweigerten Eintritt in eine bislang nur von Weißen besuchte öffentliche Schule zu ermöglichen.

4. Okt. Der Start des ersten künstlichen Erd-Satelliten (Sputnik) durch die Sowjetunion löst in den Vereinigten Staaten den sog. SPUTNIK-SCHOCK aus. Das Raketenbauprogramm wird daraufhin neu organisiert und der Militäretat erhöht. Schulen und Universitäten erhalten Bundesmittel zur Verbesserung der Ausbildung. Der *National Defense Education Act* (2. September 1958) sieht die Verwendung von Bundesmitteln zur Studienförderung vor.

1958
31. Jan. Der erste amerikanische Satellit (EXPLORER I) wird von Cape Canaveral (heute: Cape Kennedy, Florida) in eine Umlaufbahn um die Erde geschossen.

15. Juli Amerikanische Truppen landen im LIBANON. Präsident Camille Chamoun hat angesichts eines bewaffneten Aufstan-

des im Lande die USA um Hilfe gebeten (Eisenhower-Doktrin). Nach Wiederherstellung der Ruhe ziehen die Truppen ab.

29. Juli NASA (*National Aeronautics and Space Administration)*, Regierungsbehörde zur Förderung der Raumforschung und Raumschiffahrt, wird in Washington, D.C., errichtet.

14. Dez. Die ULTIMATIVE KÜNDIGUNG DES VIERMÄCHTESTATUS DER STADT BERLIN durch die Sowjetunion und die Forderung nach Entmilitarisierung und Errichtung einer „Freien Stadt" (27. November) werden auf einer Außenministerkonferenz der Vereinigten Staaten, Frankreichs und Großbritanniens zurückgewiesen.

1959 Die Territorien ALASKA und HAWAII werden als 49. und 50. Staat in die Union aufgenommen (3. Januar/21. August).

25. April Der gemeinsam mit Kanada gebaute ST.-LORENZ-SEEWEG, der Überseeschiffen die Fahrt bis nach Chicago und Duluth (am Oberen See) ermöglicht, wird eröffnet.

15.–27. Sept. Der sowjetische Premierminister NIKITA CHRUSCHTSCHOW besucht die Vereinigten Staaten und spricht mit Präsident Eisenhower in Camp David über Möglichkeiten zur Überwindung des Kalten Krieges und Wettrüstens sowie über die Deutschland- und Berlin-Problematik.

1960 1. Febr. Ausgehend von Greensboro (North Carolina) beginnt in den Südstaaten eine Welle von „Sit-Ins", Protestaktionen von Studenten gegen die Rassendiskriminierung in Cafeterias und anderen öffentlichen Einrichtungen.

1. Mai Ein AMERIKANISCHES ERKUNDUNGSFLUGZEUG VOM TYP U2 wird bei Swerdlowsk (Mittlerer Ural) abgeschossen.

16.–17. Mai Eine PARISER GIPFELKONFERENZ zur Erörterung von Entspannungsmaßnahmen scheitert, da Chruschtschow von Eisenhower eine Entschuldigung wegen der U2-Flüge verlangt.

6. Juli Die Beschlagnahme von US-Ölraffinerien und anderem amerikanischem Eigentum in Kuba sowie der prosowjetische Kurs der kubanischen Regierung unter Fidel Castro wird von den USA mit der Einschränkung der amerikanischen Zuckerimporte, dann mit einem Embargo (12. Oktober) für alle Waren, die für Kuba bestimmt sind (außer Lebensmitteln und Medikamenten), beantwortet (Abbruch der diplomatischen Beziehungen am 3. Januar 1961).

Innere und äußere Krisen: Von Kennedy bis Nixon (1961–1974)

Nach den innenpolitisch wenig kontroversen und außenpolitisch monoton am Ost-West-Konflikt orientierten fünfziger Jahren beginnt mit der KENNEDY-REGIERUNG eine Epoche der Neuansätze und Reformen, aber auch der schweren Krisen und Rückschläge. Nach der Überwindung der Kuba-Krise, die den Weltkonflikt in die unmittelbare Nähe der Vereinigten Staaten trägt, setzen stärkere BEMÜHUNGEN UM INTERNATIONALE ENTSPANNUNG ein. Die wachsende Verstrickung der USA in den Vietnamkrieg führt zu militärischen, politischen und moralischen Problemen, die schließlich nur durch einen amerikanischen Rückzug behoben werden können. Währenddessen kommt es angesichts UNGELÖSTER BÜRGERRECHTSFRAGEN, besonders im Verhältnis zwischen der weißen und schwarzen Bevölkerung, im Innern zu heftigen, teilweise militant geführten Auseinandersetzungen. Diese werden durch PROTESTE GEGEN DAS VIETNAM-ENGAGEMENT noch verstärkt. Schließlich offenbart die WATERGATE-AFFÄRE in der AMTSZEIT PRÄSIDENT NIXONS ein solches Maß an Unaufrichtigkeit und Korruption in der Regierungsspitze, daß eine nationale Selbstbesinnung und entsprechende administrative Korrekturen dringend notwendig werden.

Abb. 20: Vorstadtsiedlung der weißen Mittelschicht in Long Island.

Abb. 21: Speisung von Kindern bedürftiger Familien in Harlem.

Bis zum Ende der SECHZIGER JAHRE expandiert die amerikanische Wirtschaft ohne größere Einbrüche. Das Bruttosozialprodukt verdoppelt sich fast, von 506 auf 982 Milliarden Dollar. Arbeitslosigkeit und Inflation halten sich in mäßigen Grenzen. Die hohen Rüstungsausgaben und der kostspielige Vietnamkrieg regen die Produktion an und lassen kaum Probleme auf dem Arbeitsmarkt aufkommen. Dies geht zu Lasten der Sozialprogramme. Die Umstellung der Kriegswirtschaft auf die Friedenswirtschaft in den SIEBZIGER JAHREN bereitet jedoch Schwierigkeiten. Zwar wächst das Bruttosozialprodukt weiter, aber die BESCHÄFTIGUNGSLAGE verschlechtert sich erheblich (1975: 8,5 Prozent Arbeitslose), und die PREISENTWICKLUNG ist stark inflationär (1974: 11 Prozent). Nixons STABILISIERUNGSPROGRAMME (1971–1974), die u.a. befristete Preiskontrollen und die Abwertung des Dollars umfassen, können die Entwicklung nicht grundlegend ändern. Die ENERGIEKRISE verschärft die Arbeitslosigkeit und den Preisauftrieb. Der internationale WECHSELKURS DES DOLLARS (1973 freigegeben) fällt um über die Hälfte, was zwar den amerikanischen Export hebt, aber das Vertrauen auf den US-Dollar als Leitwährung abschwächt.

Die amerikanische BEVÖLKERUNG wächst von 179 Millionen 1960 auf 203 Millionen 1970. Die Zahl der STUDENTEN an Colleges und Universitäten steigt noch schneller an als in den fünfziger Jahren: von 3,6 Millionen 1960 auf 7,4 Millionen 1970. Während 1960 30 Prozent aller Amerikaner zwischen 18 und 21 Jahren eine College- oder Universitätsausbildung erhalten, sind es 1970 etwa 60 Prozent. In den siebziger Jahren gibt es unter Akademikern eine besonders starke Arbeitslosigkeit. Die Zahl der Studenten geht zurück.

PROBLEME DES UMWELTSCHUTZES führen zu Protesten gegen die Zerstörung der Natur. 1970 werden die Ölgesellschaften gesetzlich haftbar gemacht für von ihnen verursachte Umweltschäden. Um das Für und Wider der Atomenergiegewinnung kommt es seit Mitte der siebziger Jahre in den Vereinigten Staaten zu Kontroversen.

1961 20. Jan.	JOHN FITZGERALD KENNEDY (* 1917, † 1963), demokratischer Senator von Massachusetts, Wahlsieger über den Republikaner Richard Milhous Nixon, wird Präsident der Vereinigten Staaten (1961–1963; erster Katholik in diesem Amt). Vizepräsident wird Lyndon Baines Johnson (* 1908, † 1973). Kennedys Wahlparole lautet *„New Frontiers“* (Aufbruch zu „neuen Grenzen“, d.h. zur Bewältigung neuer großer Aufgaben, vor die sich die amerikanische Nation gestellt sieht). Er beabsichtigt die Durchsetzung einer durchgreifenden Bürgerrechtsgesetzgebung und eine Neuorientierung der amerikanischen Außenpolitik.
1. März	Präsident Kennedy ordnet die AUFSTELLUNG EINES FRIEDENSKORPS, einer Organisation freiwilliger Entwicklungshelfer, vornehmlich für Afrika und Lateinamerika, an.
14.–20. April	Kubanische Flüchtlinge (1 400), die vom amerikanischen CIA in Guatemala ausgebildet worden sind, werden beim Versuch einer LANDUNG IN DER SCHWEINEBUCHT AUF KUBA zur Niederwerfung des Regimes FIDEL CASTRO zurückgeschlagen.
5. Mai	Nachdem der sowjetische Kosmonaut JURIJ GAGARIN (* 1934, † 1968) bereits in einem Raumschiff die Erde umkreist hat (12. April), unternimmt der amerikanische Astronaut ALAN BARTLETT SHEPARD (* 1923) einen kurzen, selbstgesteuerten Weltraumflug in 185 km Höhe für 15 Minuten.

3.–4. Juni	Präsident KENNEDY und der sowjetische Partei- und Regierungschef CHRUSCHTSCHOW treffen sich in Wien, ohne eine Annäherung im Ost-West-Konflikt zu erreichen.
17. Aug.	Gegen den BAU DER BERLINER MAUER (13. August) protestieren die Vereinigten Staaten in Moskau. Konkrete Gegenmaßnahmen erscheinen nicht möglich, ohne das Risiko eines Krieges einzugehen.
Nov.	Präsident Kennedy ordnet eine Verstärkung des amerikanischen Engagements in Südvietnam an. Seit 1955 unterstützen die Vereinigten Staaten das Land wirtschaftlich und militärisch gegen die Kommunisten. Die militärische Präsenz der USA in SÜDVIETNAM wächst: 948 Amerikaner Ende November 1961, 2646 Mitte Januar 1962, 9865 Ende 1962, 16732 im Oktober 1963.
1962 20. Febr.	Der Astronaut John Herschel Glenn (* 1921) umkreist in einer Mercury-Kapsel dreimal die Erde.
1. Okt.	JAMES MEREDITH wird gegen den Widerstand von Gouverneur Ross Barnett als erster schwarzer Student an der Universität von Mississippi eingeschrieben. Unruhen von Gegnern der Rassenintegration erfordern den Einsatz von Bundestruppen und der Nationalgarde.
22. Okt. 20. Nov.	Die Entdeckung sowjetischer Raketenbasen und Düsenbomber auf Kuba führt zur KUBA-KRISE. Präsident Kennedy ordnet eine Seeblockade zur Verhinderung einer weiteren Belieferung Kubas mit Offensivwaffen an. Die sowjetische Regierung erklärt sich am 28. Oktober zum Abbau und Abtransport der Waffen bereit. Am 20. November wird die Blockade aufgehoben.
1963 2. April	In BIRMINGHAM (ALABAMA) demonstrieren Schwarze unter der Führung von MARTIN LUTHER KING gewaltlos für die Rassenintegration. Insgesamt 3300 Demonstranten werden verhaftet.
	Nach Sprengstoffanschlägen weißer Fanatiker gegen Schwarze (11. Mai) werden Bundestruppen eingesetzt.
5. Aug.	Die Vereinigten Staaten, die Sowjetunion und Großbritannien schließen in Moskau einen VERTRAG ZUR BEENDIGUNG VON KERNWAFFENVERSUCHEN über der Erde, im Weltraum und unter Wasser ab. 103 Staaten schließen sich dem Vertrag an (Frankreich und die Volksrepublik China nicht).

Abb. 22:
John F. Kennedy (1917–1963),
35. Präsident der Vereinigten Staaten

28. Aug. In einem MARSCH NACH WASHINGTON demonstrieren etwa 200 000 schwarze und weiße Amerikaner für eine fortschrittliche Bürgerrechtsgesetzgebung. Höhepunkt ist eine Rede von Martin Luther King vor dem Lincoln-Denkmal. (*„I have a dream that ... the sons of the former slaves and the sons of former slave-owners will be able to sit together at the table of brotherhood.“*)

22. Nov. Präsident KENNEDY wird bei einem Besuch in Dallas (Texas) von Lee Harvey Oswald unter schwer zu klärenden Umständen ERSCHOSSEN. Vizepräsident LYNDON B. JOHNSON (Demokrat) übernimmt das Präsidentenamt (1963 bis 1969; 1964 wird er für eine reguläre Amtszeit gewählt). Vizepräsident wird Hubert Horatio Humphrey (Demokrat; * 1911, † 1978). In seiner Reformpolitik (Programm der *„Great Society“*) ist Johnson erfolgreicher als Kennedy. Jedoch verstricken sich die Vereinigten Staaten immer stärker in den aussichtslosen VIETNAMKRIEG. Die Rassenfrage und das Vietnam-Engagement führen zu Protesten, Massendemonstrationen und Unruhen. 1968 verzichtet Johnson auf eine erneute Kandidatur für das Präsidentenamt.

1964 29. Juni — Der Kongreß verabschiedet ein umfassendes BÜRGERRECHTSGESETZ, das allen Amerikanern Gleichberechtigung u.a. bei Wahlen, bei der Benutzung öffentlicher Einrichtungen, bei der Arbeitsvermittlung und in den Schulen garantiert.

2./4. Aug. — Angriffe nordvietnamesischer Torpedoboote auf zwei amerikanische Zerstörer im Golf von Tongking (Nordvietnam), denen geheime US-Operationen gegen Nordvietnam vorausgegangen sind, werden mit Bombenangriffen auf nordvietnamesische Marinestützpunkte beantwortet.

7. Aug. — Die TONGKING-RESOLULTION des Kongresses ermächtigt den Präsidenten zur Kriegführung in Südostasien.

1965 13. Febr. — Nach Angriffen des Vietcong auf amerikanische Stützpunkte ordnet Präsident Johnson den BOMBENKRIEG gegen militärische Ziele in NORDVIETNAM an. Die Vereinigten

Abb. 23: Rund 70 000 Menschen nehmen an einer Massendemonstration für die (am 2. Juli erfolgte) Annahme der Bürgerrechtsgesetzgebung zur Gleichstellung der Schwarzen im Soldier Field Stadium in Chicago am 21. Juni 1964 teil, wo Martin Luther King von "der Morgendämmerung einer neuen Hoffnung für die Schwarzen" spricht.

Staaten greifen zunehmend mit Bodentruppen in die Kämpfe ein. Ihre Truppenstärke wächst von etwa 23 000 Mann im Jahre 1964 auf 184 314 Ende 1965, 385 000 Ende 1966 und 475 000 Ende 1967.

28. April Die Vereinigten Staaten intervenieren mit Truppen in der DOMINIKANISCHEN REPUBLIK, wo ein Aufstand gegen die konservative Regierung begonnen hatte. Amerikanische Bürger sollen geschützt, eine angeblich drohende kommunistische Machtübernahme soll verhindert werden. Die Organisation Amerikanischer Staaten hilft bei der Wiederherstellung friedlicher Verhältnisse.

30. Juli Präsident Johnson unterzeichnet ein MEDICARE-GESETZ, das die medizinische Versorgung der Amerikaner im Alter von über 65 Jahren im Rahmen der allgemeinen Sozialversicherung vorsieht (in Kraft 1966).

6. Aug. Ein neues Wahlrechtsgesetz beseitigt Wählerdiskriminierungen, die im Süden zur Ausschaltung der Schwarzen noch verbreitet sind, z. B. den Lese- und Schreibtest beim Registrieren für eine Wahl.

11.–16. Aug. In WATTS, einem Stadtteil von Los Angeles, ereignen sich schwere Unruhen unter der schwarzen Bevölkerung. Polizei und Nationalgarde werden eingesetzt (34 Tote, Hunderte von Verletzten, 400 Verhaftungen).

In den Jahren 1964–1968 kommt es in den sog. schwarzen Ghettos der Großstädte zu zahlreichen, oft blutig verlaufenden UNRUHEN (Höhepunkte 1967 in Newark, New Jersey, und in Detroit mit 22 bzw. 43 Toten). Innerhalb und außerhalb der schwarzen Bürgerrechtsorganisationen wächst die Ungeduld über fortbestehende Rassendiskriminierungen (Schlagworte: *„Freedom Now“* und *„Black Power“*). Es bilden sich militante Gruppen mit revolutionären Zielen (Radikalisierung des *Student Non Violent Coordinating Committee* und Gründung der *Black Panther Party* 1966).

9. Sept. Ein neues Ministerium für Wohnungsbau und Städtewesen *(Department of Housing and Urban Renewal)* wird errichtet, das sich vor allem mit der Subventionierung von Mieten für Bedürftige und mit der Erneuerung der verfallenden Großstadtzentren befassen soll. Minister wird (1966)

ROBERT C. WEAVER (* 1907), erstes schwarzes Kabinettsmitglied einer amerikanischen Regierung.

3. Okt. Ein revidiertes Einwanderungsgesetz beseitigt das seit 1924 bestehende System differenzierter nationaler Quoten für die Aufnahme in die Vereinigten Staaten. Jährlich können von nun an bis zu 20000 Einwanderer pro Herkunftsland aufgenommen werden (Höchstgrenze für die östliche Hemisphäre 170000, für die westliche Hemisphäre 120000).

1966 29. Juni Die AMERIKANISCHEN LUFTANGRIFFE IN VIETNAM werden auf das Gebiet von Hanoi und Haiphong (Golf von Tongking) ausgedehnt.

1967 23./25. Juni Präsident JOHNSON und der sowjetische Ministerpräsident Alexej Kossygin erklären in Gesprächen im Glassboro State College (New Jersey) übereinstimmend, daß lokale Konflikte nicht zu weltweiten Kriegen führen dürften.

1968 6. April MARTIN LUTHER KING wird in Memphis (Tennessee) von einem flüchtigen Sträfling ERMORDET. King hat 1964 als Verfechter der Gewaltlosigkeit beim Kampf um die Rassenintegration den Friedensnobelpreis erhalten. Nach seinem Tod kommt es unter den Schwarzen in Washington, D.C., und in 171 anderen Städten der USA zu Unruhen und Ausschreitungen.

10. Mai Nach der TET-OFFENSIVE des Vietcong (Januar) und der Zurücknahme des amerikanischen Bombenkrieges auf Gebiete südlich des 20. Breitengrades (31. März) beginnen in Paris Gespräche mit Vertretern Nordvietnams über eine BEENDIGUNG DES VIETNAMKRIEGES. Im Oktober wird die Bombardierung nordvietnamesischer Ziele ganz eingestellt.

6. Juni Senator ROBERT F. KENNEDY (Demokrat; * 1925), Bruder des 1963 ermordeten Präsidenten John F. Kennedy, 1961–1964 Justizminister, aussichtsreicher Kandidat für die Präsidentschaftswahlen im November, stirbt in Los Angeles an den Folgen eines ATTENTATES.

1. Juli Die Vereinigten Staaten, die Sowjetunion und Großbritannien schließen einen Vertrag über die NICHTWEITERVERBREITUNG VON KERNWAFFEN. Frankreich und die Volksrepublik China beteiligen sich nicht.

Abb. 24: Vietnamesische Zivilisten und amerikanische Soldaten im Vietnamkrieg.

1969 20. Jan. RICHARD MILHOUS NIXON (Republikaner; Vizepräsident 1953–1961) übernimmt nach einem knappen Wahlsieg über Hubert H. Humphrey das Präsidentenamt (1969 bis 1974; wiedergewählt 1972).

Außenpolitisch bemüht sich Nixon um die Herauslösung der Vereinigten Staaten aus dem Vietnamkrieg, ohne dabei als Verlierer zu erscheinen. Sein Berater für Fragen der Außenpolitik und Sicherheit (ab August 1973 Außenminister) ist Henry Alfred Kissinger (* 1923). Innenpolitisch verfolgt Nixon im Unterschied zu seinen Vorgängern kein größeres Reformprogramm; er verurteilt Protestgruppen und Demonstrationen, sucht seine Basis im Mittelstand (der „schweigenden Mehrheit“) und befürwortet eine Politik von „Gesetz und Ordnung“.

April Die Stärke der amerikanischen Streitkräfte in Vietnam erreicht mit 543 400 Mann ihren Höhepunkt. Im Juli beginnt der Abbau der militärischen Präsenz. Der Krieg soll zukünftig verstärkt von Vietnamesen geführt werden („VIETNAMISIERUNG“).

Abb. 25: 21. Februar 1972: Präsident Richard Nixon begrüßt den chinesischen Parteivorsitzenden Mao Tse-tung in Peking. Das Treffen beendet 23 Jahre Konfrontation zwischen den beiden Staaten und verändert das Verhältnis der Großmächte in der Weltpolitik untereinander.

20. Juli Den amerikanischen Astronauten NEIL A. ARMSTRONG (* 1930) und EDWIN E. ALDRIN JR. (* 1930) gelingt als ersten Menschen die LANDUNG AUF DEM MOND.

24. Juli Präsident Nixon erklärt, daß die Länder Asiens ihre Sicherheitsprobleme zunehmend selbst lösen müßten. Die Vereinigten Staaten ständen zwar zu ihren Verpflichtungen und zögen sich nicht zurück, würden aber auch nicht erneut intervenieren (sog. GUAM-DOKTRIN; 1970 erweitert zur NIXON-DOKTRIN: Unterstützung von Verbündeten, aber nicht Übernahme der gesamten Verteidigung der freien Nationen in der Welt).

15. Nov. Die PROTESTE GEGEN DAS AMERIKANISCHE ENGAGEMENT IN VIETNAM finden in einer Massendemonstration in Washington, D.C., ihren Höhepunkt (etwa 250 000 Teilnehmer). Das Bekanntwerden (16. November) des Massakers von My Lai (im Norden Südvietnams), wo amerikanische Soldaten 1968 etwa 300 vietnamesische Zivilisten getötet haben, verschärft die Frage nach dem Sinn dieses Krieges.

1970
30. April Der vorübergehende EINMARSCH von 50 000 amerikanischen und südvietnamesischen Soldaten in KAMBODSCHA zur Bekämpfung kommunistischer Operationsbasen führt zu heftigen PROTESTEN in den USA. Auf dem Campus der Kent State University in Ohio finden vier Studenten beim Einschreiten der Nationalgarde den Tod (1. Mai).

24. Juni	Der Senat widerruft die Tongking-Resolution (von 1964), die den Präsidenten zur Kriegführung in Südostasien ermächtigt hat.
1971 10. Juni	Nixon läßt nach einundzwanzigjährigem strikten Embargo die ersten Lockerungen für den Chinahandel zu.
1972 21./28. Febr.	Präsident NIXON besucht auf Einladung des Parteivorsitzenden MAO TSE-TUNG und des Ministerpräsidenten CHOU EN-LAI die VOLKSREPUBLIK CHINA. In einem gemeinsamen Kommuniqué wird die Normalisierung der amerikanisch-chinesischen Beziehungen angekündigt.
22. März	Der Kongreß verabschiedet einen VERFASSUNGSZUSATZ über die GLEICHBERECHTIGUNG VON MANN UND FRAU. Die Ratifizierung durch mindestens drei Viertel der Einzelstaaten kommt trotz Fristverlängerung von sieben auf zehn Jahre nicht zustande.
15. April	Nach Einsetzen einer GROẞEN OFFENSIVE NORDVIETNAMESISCHER STREITKRÄFTE über den 17. Breitengrad nach Süden (30. März) nimmt die amerikanische Luftwaffe die Bombardierung Hanois und Haiphongs wieder auf. Nordvietnamesische Häfen werden vermint (ab 8. Mai).
22.–30. Mai	Richard Nixon besucht als erster amerikanischer Präsident die Sowjetunion. In Moskau wird ein ABKOMMEN ZUR BEGRENZUNG STRATEGISCHER WAFFEN unterzeichnet (*Strategic Arms Limitation Talks,* SALT I, am 3. August vom amerikanischen Senat ratifiziert).
17. Juni	Fünf Personen werden beim EINBRUCH IN DAS WAHLHAUPTQUARTIER der Demokratischen Partei im Komplex der WATERGATE-APARTMENTS in Washington, D.C., verhaftet. Sie wollten Abhörgeräte anbringen.
1973 27. Jan.	In Paris unterzeichnen Vertreter der Vereinigten Staaten, Nord- und Südvietnams und der Nationalen Befreiungsfront ein WAFFENSTILLSTANDSABKOMMEN FÜR VIETNAM. Gefangene Amerikaner werden freigelassen. Die letzten US-Truppen verlassen das Land (29. März). Für die Vereinigten Staaten ist der Vietnamkrieg beendet. Seit 1961 haben 56 241 Amerikaner ihr Leben verloren, 1 344 werden vermißt, 303 616 sind verwundet worden.
27. Febr. – 8. Mai	200 bis 300 Mitglieder des *American Indian Movement,* einer militanten Organisation zur Durchsetzung indiani-

	scher Rechtsansprüche, besetzen den Ort Wounded Knee im Reservat der Oglala Sioux in South Dakota, wo 1890 ein Indianer-Massaker stattgefunden hat. Sie fordern Unabhängigkeit für die Indianer anstatt der offiziell angestrebten Integration.
17. Mai	Ein Senatsausschuß zur Untersuchung der WATERGATE-AFFÄRE unter dem Vorsitz von Senator Samuel James Ervin jr. (Demokrat; * 1896) beginnt mit Vernehmungen zum Einbruch in das Wahlhauptquartier der Demokratischen Partei (17. Juni 1972). Die Täter handelten im Auftrag des Ausschusses zur Wiederwahl des Präsidenten. Regierungsbeamte und Mitarbeiter Nixons versuchen, die Zusammenhänge zu verschleiern. Die Frage nach der MITWISSERSCHAFT NIXONS wird gestellt und die Glaubwürdigkeit seiner gegenteiligen Erklärungen angezweifelt (dokumentarische Tonbänder weisen Löschungen auf). Gegen den ehemaligen Justizminister John Newton Mitchell (* 1913) und andere Personen aus Nixons Umgebung werden Gerichtsverfahren eingeleitet.
16.–25. Juni	Während eines Besuches des sowjetischen Parteichefs LEONID BRESCHNEW in den Vereinigten Staaten werden neun bilaterale Verträge unterzeichnet, darunter ein ABKOMMEN ZUR VERHINDERUNG EINES NUKLEARKRIEGES.
1. Juli	Die in der Anfangsphase des Ost-West-Konfliktes (1948) eingeführte WEHRPFLICHT WIRD AUFGEHOBEN. Eine Berufsarmee wird gebildet.
10. Okt.	Vizepräsident Spiro Theodore Agnew (Republikaner, * 1918), der sich der Steuerhinterziehung schuldig gemacht hat, tritt zurück. Sein Nachfolger wird Gerald Rudolph Ford (* 1913; seit 1965 Führer der Republikaner im Repräsentantenhaus).
19.–21.Okt.	Während des Jom-Kippur-Krieges (Ägypten und Syrien gegen Israel, 6.–26.Okt.) verhängen arabische Staaten ein ÖLEMBARGO gegen die Vereinigten Staaten, die Niederlande und Südafrika, weil diese Staaten Israel unterstützen. In Amerika kommt es zu einer ENERGIEKRIESE. Die Ölpreise steigen, der Benzinverbrauch wird eingeschränkt. Das Embargo wird am 18. März 1974 wieder aufgehoben.
26. Okt.	Nach der Beendigung des Jom-Kippur-Krieges im Nahen

Osten beginnt eine intensive Reisediplomatie Außenminister Kissingers zur Entspannung der Lage (Truppenentflechtungsabkommen zwischen Ägypten bzw. Syrien und Israel 1974/1975).

7. Nov. Gegen Nixons Veto beschließt der Kongreß den *War Powers Act*, ein Gesetz, daß das Recht des Präsidenten zum Einsatz amerikanischer Streitkräfte außerhalb der Vereinigten Staaten ohne Zustimmung des Kongresses auf sechzig Tage begrenzt.

1974 9. Mai –30. Juli Der Rechtsausschuß des Repräsentantenhauses führt Vernehmungen im Hinblick auf ein IMPEACHMENT-VERFAHREN zur Amtsenthebung von Präsident Nixon durch. Die gegen diesen erhobenen Vorwürfe gehen weit über die eigentliche WATERGATE-AFFÄRE hinaus. Schwere Rechtsverletzungen auf höchster Ebene werden bekannt, z.B. die Überwachung und Verfolgung unliebsamer Gegner der Administration, Verstöße gegen Persönlichkeitsrechte, Mißbrauch von öffentlichen Geldern, Verheimlichung hoher Wahlkampfzuwendungen. Der Ausschuß empfiehlt die Einleitung des Impeachment-Verfahrens wegen Behinderung der Justiz, Amtsmißbrauchs und Mißachtung des Kongresses.

9. Aug. Präsident Nixon tritt zurück. Nachfolger wird der bisherige Vizepräsident GERALD R. FORD. Er begnadigt Nixon für alle im Amt vorgekommenen Vergehen. Eine gerichtliche Verfolgung des ehemaligen Präsidenten wird dadurch abgewendet.

Desillusion, konservative Politik und „globale Verantwortung" (1974–1992)

Während weitere Unregelmäßigkeiten und Skandale vergangener Administrationen bekannt werden, bemüht sich Präsident Gerald R. Ford durch betont korrekte Amtsführung um die Wiederherstellung des Ansehens der Regierung. Vizepräsident ist Nelson Aldrich Rockefeller (Republikaner; * 1908, † 1979). Die Macht des Kongresses gegenüber der Exekutive ist gewachsen; dies zeigt sich u.a. in einem verstärkten Anspruch des Senats auf Mitsprache in außenpolitischen Fragen.

1975 Febr.	Der Senat beschließt gegen die Vorstellungen Präsident Fords und Außenminister Kissingers die EINSTELLUNG DER RÜSTUNGSHILFE AN DIE TÜRKEI (in Kraft bis 1978) wegen des türkischen Verhaltens in der ZYPERN-KRISE. Die Südostflanke der NATO ist geschwächt.
30. April	SÜDVIETNAM KAPITULIERT gegenüber dem Vietcong und Nordvietnam. Die Vereinigten Staaten nehmen 140 000 Vietnam-Flüchtlinge auf.
10. Juni	Ein von Präsident Ford eingesetzter Ausschuß zur UNTERSUCHUNG DER TÄTIGKEITEN DER CIA unter Vorsitz von Vizepräsident Rockefeller berichtet über illegale Praktiken des amerikanischen Nachrichtendienstes im Inland. Diverse Einzelheiten über die Auslandstätigkeit der CIA, u.a. über geplante Attentate auf ausländische Politiker, werden später, am 21. November, von einem Senatsausschuß offengelegt.
1. Aug.	Präsident Ford unterzeichnet in Helsinki die Schlußakte der KONFERENZ FÜR SICHERHEIT UND ZUSAMMENARBEIT IN EUROPA (KSZE), in der sich die Vereinigten Staaten, Kanada und 33 europäische Staaten von West und Ost verpflichten, bestehende Grenzen nicht gewaltsam zu ändern und die Menschenrechte zu achten.
15.–17. Nov.	Die Vereinigten Staaten beteiligen sich an der ersten Wirtschaftsgipfelkonferenz der wichtigsten westlichen Industriestaaten (in Rambouillet), die in Zukunft jährlich an verschiedenen Konferenzorten stattfindet.

19. Dez.	Der Senat verbietet weitere amerikanische Hilfeleistungen für prowestlich orientierte Gruppen im BÜRGERKRIEG IN ANGOLA. Die von der Sowjetunion und Kuba unterstützte Bewegung MPLA setzt sich stärker durch.
1976 20. März	Die US-MILITÄRBASEN IN THAILAND, die letzten auf dem südostasiatischen Kontinent, müssen auf Anordnung der Regierung in Bangkok innerhalb von vier Monaten geschlossen werden.
28. Mai	Präsident Ford und der sowjetische Staats- und Parteichef Breschnew unterzeichnen in Moskau einen Vertrag über die EINSCHRÄNKUNG UNTERIRDISCHER KERNEXPLOSIONEN ZU FRIEDLICHEN ZWECKEN. Gegenseitige Inspektionen an Ort und Stelle werden zugelassen.
1977 20. Jan.	JIMMY (JAMES EARL) CARTER (Demokrat, * 1924; ehemaliger Gouverneur des Staates Georgia) übernimmt nach einem knappen Wahlsieg über Gerald R. Ford das Präsidentenamt (1977–1981). Vizepräsident wird Walter Frederick Mondale (* 1928). Carter will den Menschenrechten in der Welt mehr Geltung verschaffen.
21. Jan.	Präsident Carter amnestiert etwa 10 000 junge Amerikaner, die sich während des Vietnamkrieges dem Militärdienst entzogen haben.
4. Aug.	Ein Energieministerium wird errichtet. Zum ersten Energieminister wird James Rodney Schlesinger (* 1929) ernannt (amtiert bis 1979).
1978 25. März	Nach 110 Tagen Dauer endet ein bundesweiter STREIK der KOHLENBERGARBEITER, den Präsident Carter vergeblich auf Grund des Taft-Hartley-Gesetzes zu überwinden versucht hat.
18. April	Der Senat ratifiziert einen neuen PANAMAKANAL-VERTRAG, dem zufolge die Kanalzone am 1. September 1979 und der Kanal selbst am 31. Dezember 1999 Panama übergeben werden sollen.
6. Juni	Die Bevölkerung Kaliforniens spricht sich in einer Abstimmung über die sog. „PROPOSITION 13“ mit Zweidrittelmehrheit für eine Senkung der Grundsteuer um 57 Prozent aus. Dies hat empfindliche Einschränkungen im Staatshaushalt zur Folge. Die „STEUERREVOLTE“ findet auch in anderen Staaten der Union Befürworter und zeigt eine

Abb. 26: Ägyptens Präsident Anwar as-Sadat, US-Präsident Jimmy Carter und Israels Premierminister Menachem Begin nach der Unterzeichnung des ägyptisch-israelischen Friedensvertrages.

wachsende Unzufriedenheit der Bürger über die hohen Steuerlasten an.

6.–17. Sept. Bei einer Zusammenkunft in CAMP DAVID einigen sich der ägyptische Präsident ANWAR AS-SADAT und der israelische Ministerpräsident MENACHEM BEGIN im Beisein Präsident CARTERS auf einen Rahmenvertrag für einen Frieden zwischen ihren Ländern. Nach dem Rückzug israelischer Truppen von der Sinaihalbinsel sollen diplomatische Beziehungen aufgenommen werden. Der endgültige Vertrag kommt nicht in der vorgesehenen Frist von drei Monaten, sondern erst nach neuen Besprechungen Carters in Ägypten und Israel am 26. März 1979 zustande.

15. Okt. Der Kongreß billigt Präsident CARTERS ENERGIESPARGESETZE; u.a. werden Preiserhöhungen für Erdgas beschlossen.

1979

1. Jan. Zwischen den VEREINIGTEN STAATEN und der VOLKSREPUBLIK CHINA werden VOLLE DIPLOMATISCHE BEZIEHUNGEN aufgenommen. Gleichzeitig werden die offiziellen Bezie-

hungen zu Nationalchina (Taiwan) abgebrochen (bei Weiterführung nichtstaatlicher Wirtschafts-, Handels- und Kulturbeziehungen). Der Verteidigungspakt mit Taiwan wird zum Ende des Jahres 1979 aufgekündigt.

16. Jan.
1. April Durch den Sturz des iranischen Schahs und die Ausrufung der Islamischen Republik verschlechtern sich die bislang sehr engen Beziehungen Washingtons mit dem Iran rapide. Das gemeinsame Verteidigungssystem ist gefährdet. Die Einschränkung der Öllieferungen trägt erheblich zur Verschärfung der amerikanischen Energiekrise bei.

18. Juni Nach jahrelangen, zähen Verhandlungen unterzeichnen Präsident Carter und der sowjetische Staats- und Parteichef Breschnew in Wien den zweiten Vertrag zur Begrenzung strategischer Waffen (SALT II). Beide Seiten verpflichten sich, ihren Bestand an Fernwaffen auf 2 400 Träger, ab 1981 auf 2 250 Träger zu beschränken. Ein SALT III-Abkommen soll bis 1985 ausgehandelt werden.

4. Nov. Iranische Studenten besetzen die US-Botschaft in Teheran, verlangen die Auslieferung des geflüchteten Schahs und halten die Botschaftsangehörigen als Geiseln fest.

Abb. 27: Geiselaffäre im Iran (4. Nov. 1979–20. Jan. 1981): Die Besetzer der US-Botschaft in Teheran (hier auf einer Pressekonferenz), die 52 Geiseln in ihrer Gewalt haben, verlangen die Auslieferung des Schahs.

1980 Jan./Febr. Als Reaktion auf den sowjetischen Truppeneinmarsch in Afghanistan sperren die Vereinigten Staaten den Weizenexport in die Sowjetunion und beschließen, die Olympischen Spiele in Moskau zu boykottieren. Der Senat verweigert die Ratifizierung von SALT II.

25. April Eine Militäraktion der USA zur Befreiung der Geiseln in Teheran scheitert.

1981 20. Jan. Die im Iran festgehaltenen 52 AMERIKANISCHEN GEISELN, für die sich Drittstaaten als Vermittler verwenden, werden nach 444tägiger Gefangenschaft freigelassen. RONALD WILSON REAGAN (Republikaner, *1911; 1967 bis 1975 Gouverneur von Kalifornien) übernimmt nach einem hohen Wahlsieg über Jimmy Carter das Präsidentenamt. Vizepräsident wird George Herbert Walker Bush (*1924). Reagans Programm ist konservativ: Reduzierung der Staatsausgaben, Wiederbelebung der Wirtschaft durch Steuersenkungen, Erhöhung des Militäretats, härtere Position gegenüber der Sowjetunion.

12. April Die erste wiederverwendbare WELTRAUMFÄHRE (Space Shuttle „Columbia") wird mit zwei amerikanischen Astronauten in Florida gestartet und landet zwei Tage später in Kalifornien.

29. Dez. Wegen sowjetisch unterstützter Unterdrückungsmaßnahmen in Polen (Ausrufung des Kriegsrechtes am 13. Dezember) verhängt Präsident Reagan Wirtschaftssanktionen gegen die Sowjetunion.

DIE MITTELAMERIKAPOLITIK DER USA

Die Reagan-Administration bemüht sich, die Entstehung weiterer linksrevolutionärer Regime in Mittelamerika zu verhindern. Die von linken Guerillas bedrängte Regierung von EL SALVADOR erhält seit 1982 verstärkt amerikanische Wirtschafts- und Militärhilfe. Kritiker dieser Politik, vor allem im Senat, verlangen von der Regierung El Salvadors zunächst die Achtung der Menschenrechte. Die Beziehungen zu NICARAGUA verschlechtern sich in dem Maße, wie amerikanische Hoffnungen auf eine Liberalisierung des Landes schwinden und die regierenden Sandinisten die Guerillas in El Salvador unterstützen. Die USA unterstützen ihrerseits antisandinistische Guerillas (u.a. Verminung nicaraguanischer Häfen gegen Militärlieferungen aus dem Ostblock, 1. März 1984). Gegen den scharfen Linkskurs des Inselstaates Grenada (Kleine Antillen) intervenieren die USA 1983 mit Waffengewalt. Die Spannungen mit den mittelamerikanischen Staaten lösen sich nach der nicaraguanischen Präsidentenwahl von 1990, in der die Sandinisten unterliegen, und nach der Beendigung des zwölfjährigen Bürgerkrieges in El Salvador durch eine Vereinbarung zwischen der Regierung und den Rebellenführern 1992. Das gespannte Verhältnis zu Kuba, wo Fidel Castro weiterhin an der Macht ist, ändert sich indessen nicht.

1982 29. Sept. Die USA beteiligen sich an der Bildung einer internationalen Friedenstruppe im Libanon. Bei Bombenanschlägen auf die amerikanische Botschaft (18. April 1983) und auf das Hauptquartier der Friedenstruppe (23. Oktober 1983) werden 59 bzw. 230 Personen getötet. Amerikanische Kriegsschiffe beschießen wiederholt Stellungen der Syrer und Drusen, die gegen die reguläre libanesische Armee kämpfen. Anfang März 1984 verlassen die amerikanischen Soldaten das Land.

1983 23. März Präsident Reagan kündigt die Entwicklung eines weltraumgestützten Raketenabwehrsystems (*Strategic Defense Initiative*, SDI) bis zum Ende des Jahrhunderts an. Es ist wegen der dafür nötigen Kosten und wegen seines möglichen Eskalationseffekts im Ost-West-Konflikt umstritten.

25. Okt. Nach der Ermordung des Premierministers von Grenada, Maurice Bishop, und der Machtübernahme durch einen linksradikalen Militärrat besetzen die USA (unter symbolischer Beteiligung von sechs ostkaribischen Staaten) die Insel. Eine Übergangsregierung soll demokratische Verhältnisse wiederherstellen. Im Dezember wird der größte Teil der Truppen abgezogen.

23. Nov. Nach zweijährigen ergebnislosen Verhandlungen über den Abbau der im Ostblock installierten Mittelstreckenraketen SS-20 (gemäß NATO-Doppelbeschluß vom 12. Dezember 1979) bricht die Sowjetunion die Genfer Gespräche ab. Am 26. November treffen die ersten Teile amerikanischer Pershing-II-Raketen in der Bundesrepublik Deutschland ein.

1984 8. Mai Die Sowjetunion sagt ihre Teilnahme an den 23. Olympischen Sommerspielen in Los Angeles (Juli – August) mit der Begründung ab, die Sicherheit ihrer Sportler sei nicht gewährleistet. Die meisten Ostblockstaaten folgen ihrem Beispiel.

6. Nov. Bei den Präsidentschaftswahlen siegt RONALD W. REAGAN mit großer Mehrheit über Walter F. Mondale (Demokrat). Erstmalig, wenn auch erfolglos, hatte eine der großen Parteien für den Vizepräsidentenposten eine Frau nominiert: Geraldine Anne Ferraro (Mitglied des Repräsentantenhauses 1979 – 1984, Demokratin; * 1935).

31. Dez. Die VEREINIGTEN STAATEN ziehen sich aus der UNESCO mit der Begründung zurück, die Organisation kümmere sich zu wenig um westliche Belange und sei finanziell schlecht verwaltet.

1985 1. Mai Die Vereinigten Staaten verhängen ein totales HANDELSEMBARGO ÜBER NICARAGUA.

7. Okt. Mitglieder der Palästinensischen Befreiungsfront bringen das italienische Kreuzfahrtschiff „Achille Lauro" in ihre Gewalt, töten einen behinderten amerikanischen Passagier und stoßen ihn über Bord. Dieser und andere politisch gesteuerte Terrorakte halten die Öffentlichkeit in Atem.

19.–21. Nov. Präsident REAGAN und der neue Generalsekretär der KPdSU, MICHAIL SERGEJEWITSCH GORBATSCHOW (* 1931), beschließen auf der Genfer GIPFELKONFERENZ die Wiederaufnahme des Abrüstungsdialogs.

1986 28. Jan. Bei der Explosion der Raumfähre „Challenger" kommt die siebenköpfige Besatzung ums Leben. Das US-Raumfahrtprogramm wird bis 1988 unterbrochen.

14. April Als Vergeltung für von Libyen unterstützte Terrorakte greift die US-Luftwaffe Ziele in Tripolis und Benghasi an.

2. Okt. Der Kongreß beschließt Handelssanktionen gegen das Apartheid-Regime in Südafrika.

11./12. Okt. Präsident REAGAN und der sowjetische Generalsekretär GORBATSCHOW treffen sich in REYKJAVIK. Beide Seiten zeigen Bereitschaft zur Verringerung strategischer Nuklearwaffen und Mittelstreckenraketen. Reagan verzichtet jedoch nicht auf die WEITERENTWICKLUNG DES WELTRAUMGESTÜTZTEN RAKETENABWEHRSYSTEMS (SDI).

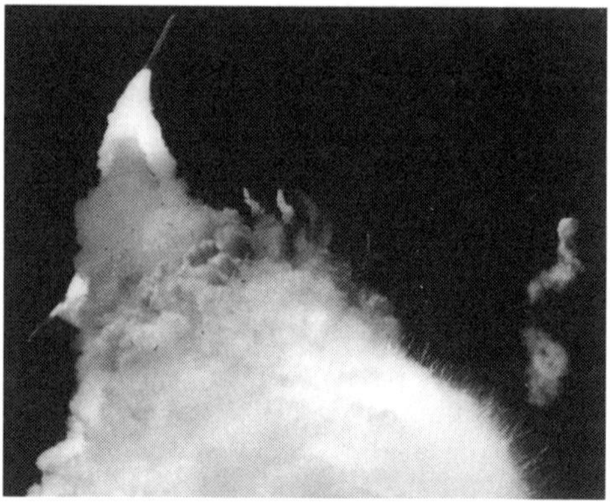

Abb. 28: Die Explosion der Raumfähre „Challenger“, kurz nach ihrem Start (28. Januar 1986). Die siebenköpfige Besatzung kommt dabei ums Leben.

3. Nov. Die Bekanntmachung geheimer Waffenlieferungen an den Iran mit Beteiligung des amerikanischen Geheimdienstes (Ziel: Geiselbefreiung im Libanon) und einer gesetzwidrigen Verwendung dabei erhaltener Gelder zur Unterstüzung nicaraguanischer Contras führt die Reagan-Administration in eine Krise: Iran-Contra-Affäre. Prominente Politiker treten zurück, der Senat veranstaltet Hearings, Gerichtsverfahren folgen.

6. Nov. Ein Gesetz ermöglicht illegalen Einwanderern, die vor 1982 ins Land gekommen sind, den dauernden Aufenthalt. Bis 1988 machen rund 1,8 Millionen Menschen – die meisten von ihnen stammen aus Mexiko – davon Gebrauch.

1987 7.–10. Dez. Bei einem Gipfeltreffen in Washington unterzeichnen Präsident Reagan und der sowjetische Generalsekretär Gorbatschow ein Abkommen über die globale Beseitigung aller landgestützten Mittelstreckenraketen (USA: 1752, Sowjetunion: 859 Raketen).

1988 2. Jan. Präsident Reagan und der kanadische Ministerpräsident Mulroney unterzeichnen ein Freihandelsabkommen, demzufolge die Zölle bis 1998 stufenweise abgebaut werden sollen (in Kraft 1989).

29. Mai –2. Juni Bei einem Gipfeltreffen in Moskau fassen Präsident Reagan und der sowjetische Generalsekretär Gorbatschow weitere Abrüstungsvereinbarungen ins Auge. Sie erörtern Menschenrechtsfragen, die Regelung regionaler Konflikte und die Verbesserung bilateraler Beziehungen.

Das Ende des Kalten Krieges

Im Anschluß an die Kubakrise von 1962 war, vom Vietnamkrieg einmal abgesehen, eine siebzehn Jahre währende Phase relativer Entspannung zwischen Ost und West zu verzeichnen gewesen (Absprachen über Rüstungsbegrenzungen, KSZE-Schlußakte 1975 u.a.). Um 1979 hatte dann eine neue Phase des Kalten Krieges eingesetzt (Gefährdung des Rüstungsgleichgewichts durch sowjetische SS 20-Raketen, sowjetische Intervention in Afghanistan, Stagnieren der Abrüstungsverhandlungen). Mit dem Amtsantritt Michail Gorbatschows als Generalsekretär der KPdSU (1985) findet auch diese Phase ihren Abschluß. Unter den Stichworten „Glasnost" (Öffentlichkeit) und „Perestrojka" (Umstrukturierung) beginnen innenpolitische Reformen, denen eine Wende in der Außenpolitik parallel geht. Während sich die Wandlungen im Innern nicht ohne erhebliche Schwierigkeiten vollziehen (wirtschaftliche Zerfallserscheinungen, ethnische Gegensätze und Auseinanderbrechen der Föderation), stößt Gorbatschows neuer Kurs in der westlichen Welt auf Erleichterung und Entgegenkommen. In vielen Jahrzehnten verkrustete internationale Strukturen brechen auf. Das mühsam aufrechterhaltene „Gleichgewicht des Schreckens" kann nun abgebaut werden. Viermal treffen sich Gorbatschow und Reagan in den Jahren 1985–1988, nehmen Abrüstungsverhandlungen, die sich zuvor quälend langsam hingeschleppt haben und immer wieder unterbrochen wurden, wieder auf und führen sie zügig zu Erfolgen. Lange Zeit nicht für möglich gehaltene Wandlungen in anderen Ostblockstaaten und die Wende in der DDR, die zur deutschen Vereinigung führt, erfordern auf beiden Seiten der bisherigen Fronten ein radikales Umdenken. Auf einer KSZE-Konferenz in Paris am 19. November 1990 wird der Kalte Krieg sozusagen offiziell beendet. Die Vereinigten Staaten und die Sowjetunion – beziehungsweise seit 1991 deren Nachfolgestaaten – kooperieren in internationalen Angelegenheiten.

3. Juli Ein im Persischen Golf stationiertes US-Kriegsschiff schießt irrtümlich ein iranisches Verkehrsflugzeug mit 290 Menschen an Bord ab.

21. Dez. Ein amerikanisches Verkehrsflugzeug mit 259 Personen an Bord wird durch eine von Terroristen eingeschmuggelte Sprengladung über der schottischen Ortschaft Lockerbie zum Absturz gebracht.

1989
20. Jan. Nach einem klaren Wahlsieg über den Demokraten Michael Dukakis (Gouverneur von Massachusetts; * 1947) übernimmt der bisherige Vizepräsident GEORGE BUSH das Präsidentenamt. Vizepräsident wird James Danford (Dan) Quayle (Senator von Indiana; * 1947). Bush will das enorm gestiegene Haushaltsdefizit abbauen, Steuererhöhungen vermeiden und die Drogensucht bekämpfen. Die Demokraten behalten in beiden Häusern des Kongresses die Mehrheit.

24. März Der Öltanker „Exxon Valdez“ läuft im Prince William Sound (Alaska) auf Grund. Das auslaufende Öl verursacht eine in ihrer Art bisher nicht gekannte Umweltkatastrophe. Die Ölgesellschaft muß die Schäden an der Küste beseitigen.

9. Aug. Präsident Bush unterzeichnet ein Gesetz zur Rettung der *Savings and Loan Associations* (Bausparkassen), die infolge hoher Zinsverpflichtungen und schlechter Geschäftsführung in großer Zahl zusammenbrechen. Auf die öffentlichen Haushalte kommen dadurch in den nächsten 30 Jahren zusätzliche Belastungen von etwa 300 Milliarden Dollar zu.

2./3. Dez. Präsident BUSH und der sowjetische Präsident GORBATSCHOW treffen sich in MALTA zu einem informellen Meinungsaustausch.

20. Dez. Nach Zusammenstößen zwischen Soldaten beider Länder rücken amerikanische Streitkräfte in PANAMA ein. Der Diktator Manuel Noriega (* 1934), wegen Beteiligung am internationalen Drogenhandel angeklagt, hatte am 15. Dezember den Kriegszustand gegenüber den Vereinigten Staaten proklamiert. Mehrtägige Kämpfe fordern größere Verluste unter den Soldaten und der Zivilbevölkerung, bringen das Land aber unter amerikanische Kontrolle. Noriega stellt sich am 3. Januar den US-Truppen und wird nach Miami, Florida, verbracht (1992 wegen Erpressung, Drogenhandels und Geldwäscherei zu 40 Jahren Gefängnis verurteilt). Die Streitkräfte werden langsam abgezogen.

1990
13. März Aufgrund der politischen Veränderungen in NICARAGUA seit den dortigen Präsidentenwahlen im Februar, die zu einer Niederlage der Sandinisten führten, hebt Präsident

Bush das im Jahre 1985 über das Land verhängte Wirtschaftsembargo auf.

1. Juni Während eines Besuches von Gorbatschow in den Vereinigten Staaten vereinbaren die Präsidenten beider Länder eine VERRINGERUNG STRATEGISCHER NUKLEARWAFFEN und einen Produktionsstop für chemische Waffen.

8. Aug. Nach dem ÜBERFALL DES IRAK unter der Führung Präsident Saddam Husseins (* 1937) auf KUWAIT am 2. August und dessen Verurteilung im UN-Sicherheitsrat entsenden die Vereinigten Staaten Streitkräfte nach Saudi-Arabien. Sie sollen als Kern einer multinationalen Streitmacht das Land gegen den Irak schützen und diesen zum Rückzug aus Kuwait und zur Freilassung festgehaltener ausländischer Geiseln zwingen.

1991
17. Jan.
–18. Febr. Nach vergeblichen Friedensbemühungen der Vereinten Nationen und anderer Mächte, nach monatelangem erfolglosen Wirtschaftsembargo gegen den Irak und nach Ablauf eines Ultimatums des UN-Sicherheitsrats (Forderung nach bedingungsloser Räumung Kuwaits) beginnt die „OPERATION WÜSTENSTURM" (GOLFKRIEG). Die Vereinigten Staaten stellen die Hauptstreitmacht (unter General H. Norman Schwarzkopf, * 1934). Am Krieg gegen den Irak sind beteiligt: Saudiarabien, Vereinigte Arabische Emirate, Großbritannien, Oman, Ägypten, Syrien, Frankreich, Pakistan und zahlreiche andere Staaten. Der Krieg beginnt mit einer fünfwöchigen Luftoffensive. Am 24. Februar beginnt eine Bodenoffensive, die nach 100 Stunden ihr Ziel erreicht: Die Iraker werden geschlagen, ziehen sich aus Kuwait zurück und erkennen die UN-Resolutionen an. Sie haben bei den Kampfhandlungen hohe Verluste erlitten. SADDAM HUSSEIN HÄLT SICH jedoch AN DER MACHT, setzt seine Gewaltherrschaft fort und bleibt international wenig kooperativ. Im Lande werden Schiiten und Kurden bedrängt. UN-Inspektionen der Waffenbestände werden wiederholt behindert, Flugverbote nicht strikt befolgt und kuwaitisches Territorium verletzt. Im Januar 1993 bombardieren amerikanische, britische und französische Flugzeuge Ziele im Irak, um die Befolgung von UN-Beschlüssen durchzusetzen.

Abb. 29: Rund zwei Millionen Zuschauer feiern am 10. Juni 1991 in New York auf dem Broadway die amerikanischen Teilnehmer des Golfkrieges.

29. Juli –1. Aug. Präsident BUSH und der sowjetische Präsident GORBATSCHOW treffen sich in Moskau und unterzeichnen – nach neunjährigen Verhandlungen in Genf – den *Strategic Arms Limitation Treaty* (START I), der die Reduzierung nuklearer Gefechtsköpfe von Langstreckenraketen und diesbezügliche gegenseitige Inspektionen vorsieht. Am 24. Mai 1992 wird eine Vereinbarung zwischen den Vereinigten Staaten und den im Besitz dieser Waffensysteme befindlichen Nachfolgerepubliken der Sowjetunion, Rußland, Weißrußland, Ukraine und Kasachstan, zur Umsetzung des START-Vertrages unterzeichnet.

23. Okt. Die streitenden Parteien im Bürgerkrieg in KAMBODSCHA, die Vereinigten Staaten und 17 andere Staaten unterzeichnen in Paris einen Vertrag zur Befriedung des Landes.

30. Okt. –1. Nov. Nach längeren diplomatischen Bemühungen der Vereinigten Staaten und aufgrund einer gemeinsamen amerikanisch-sowjetischen Einladung beginnt in MADRID eine Serie von NAHOST-KONFERENZEN zur Herstellung des Friedens zwischen Israel einerseits und Syrien, Jordanien, dem

Libanon und Palästinensern andererseits. Ziel ist die Herstellung des Friedens in der gesamten Region. Die Verhandlungen gestalten sich schwierig.

1992 7. Mai Der 27. VERFASSUNGSZUSATZ tritt in Kraft. Er sieht vor, daß Diätenerhöhungen, die der Kongreß für seine Mitglieder beschließt, erst nach der nächsten Wahl wirksam werden können. Dieser Zusatz war bereits 1789 vom amerikanischen Kongreß gebilligt worden, hat aber erst jetzt die notwendige Dreiviertel-Mehrheit der Einzelstaaten gefunden.

29. April –2. Mai Nach dem Freispruch von vier weißen Polizisten, die einen Schwarzen mißhandelt hatten, kommt es in einem vorwiegend von Schwarzen und Spanisch-Amerikanern bewohnten Stadtteil von Los Angeles zu Rassenunruhen, bei denen 52 Personen ihr Leben verlieren. Auch das von Koreanern bewohnte Gebiet ist betroffen. Die Unruhen greifen kurzfristig auch auf andere Städte über. Vielerorts demonstrieren Amerikaner friedlich gegen die Freisprüche von Los Angeles.

16.–18. Juni Rußlands Präsident, BORIS NIKOLAJEWITSCH JELZIN (* 1931), kommt zu einem Staatsbesuch nach Washington und erörtert mit Präsident Bush die weitere Reduzierung von Nuklearwaffen und Möglichkeiten der Wirtschaftshilfe für sein Land.

30. Sept. Die Vereinigten Staaten geben ihre MARINEBASIS SUBIC BAY auf den PHILIPPINEN auf. Neue bilaterale Stützpunktverträge waren nicht zustandegekommen.

3.–9. Dez. Im Auftrag der Vereinten Nationen intervenieren Streitkräfte der Vereinigten Staaten zusammen mit Truppenverbänden anderer Staaten im vom Bürgerkrieg zerrütteten SOMALIA *(„Operation Restore Hope“),* um die Verteilung humanitärer Hilfslieferungen an die Bevölkerung sicherzustellen.

17. Dez. Die Präsidenten der VEREINIGTEN STAATEN, KANADAS UND MEXIKOS unterzeichnen Verträge über die ERRICHTUNG EINER NORDAMERIKANISCHEN FREIHANDELSZONE (*North American Free Trade Agreement,* NAFTA). Damit sollen die bereits bestehenden Vereinbarungen zwischen den Vereinigten Staaten und Kanada ausgeweitet werden (Inkrafttreten für 1994 vorgesehen). Innerhalb von 15 Jahren sol-

len Zölle und andere Handelsbarrieren abgebaut werden, so daß für 360 Millionen Verbraucher ein gemeinsamer Markt entsteht. Gewerkschaftsführer in den Vereinigten Staaten mißbilligen den Plan; sie fürchten, daß Firmen nach Mexiko umsiedeln, wo es billige Arbeitskräfte gibt.

1993 3. Jan. Präsident BUSH und der russische Präsident JELZIN treffen sich in MOSKAU. Sie unterzeichnen einen NEUEN VERTRAG ZUR REDUZIERUNG IHRER NUKLEARWAFFEN (START II: Halbierung der in START I festgesetzten Nuklear-Sprengköpfe). Weißrußland, die Ukraine und Kasachstan sind nicht einbezogen.

Die Vereinigten Staaten 1993

Während Präsident Bush aufgrund außenpolitischer Erfolge (weitere Abrüstungsabsprachen mit der Sowjetunion und ihren Nachfolgestaaten, Vereinbarung über die deutsche Vereinigung, Entspannung des Verhältnisses zu mittelamerikanischen Nachbarstaaten, schneller Sieg im Golfkrieg) im Jahre 1991 noch große Popularität in den Vereinigten Staaten genoß, ist sein Ansehen im Wahljahr 1992 rapide gesunken. Drängende wirtschaftliche und soziale Probleme sind nicht gelöst; Bush hat ihnen nicht genügend Beachtung geschenkt. Nach zwölf Jahren republikanischer Adminstrationen folgt mit der Wahl BILL CLINTONS ein Demokrat ins Präsidentenamt. Sein Regierungsprogramm umfaßt u.a. Steuererhöhungen (besonders für höhere Einkommen), Reduzierung des Haushaltsdefizits, Ausgabenkürzungen, Schaffung neuer Arbeitsplätze, Verbesserung des Krankenversicherungsschutzes und andere wirksame Sozialprogramme.

20. Jan. Nach der Wahlniederlage des bisherigen Präsidenten George Bush am 3. November 1992 übernimmt der Demokrat WILLIAM JEFFERSON („BILL“) CLINTON (* 1946) das Präsidentenamt. Er war 1978–1980 und 1982–1992 Gouverneur des Staates Arkansas. Vizepräsident ist der bisherige Senator aus Tennessee Albert („Al“) Gore (* 1941). Clinton betont Bürgernähe und eine stärkere Hinwendung zur Innenpolitik.

1. März Die Vereinigten Staaten beteiligen sich an HILFSAKTIONEN für die notleidende Bevölkerung im vom Bürgerkrieg zerrissenen JUGOSLAWIEN durch den nächtlichen Abwurf von Lebensmitteln aus der Luft.

3.–4. April Amerikanisch-russischer Gipfel in VANCOUVER: Der neue Präsident Bill Clinton und Rußlands Präsident Boris Jelzin vereinbaren eine langfristige enge Zusammenarbeit zur Sicherung von Demokratie und Frieden.

Die 50 Staaten in der Reihenfolge ihrer Aufnahme in die Union

1.	Delaware	1787
2.	Pennsylvania	1787
3.	New Jersey	1787
4.	Georgia	1788
5.	Connecticut	1788
6.	Massachusetts	1788
7.	Maryland	1788
8.	South Carolina	1788
9.	New Hampshire	1788
10.	Virginia	1788
11.	New York	1788
12.	North Carolina	1789
13.	Rhode Island	1790
14.	Vermont	1791
15.	Kentucky	1792
16.	Tennessee	1796
17.	Ohio	1803
18.	Louisiana	1812
19.	Indiana	1816
20.	Mississippi	1817
21.	Illinois	1818
22.	Alabama	1819
23.	Maine	1820
24.	Missouri	1821
25.	Arkansas	1836
26.	Michigan	1837
27.	Florida	1845
28.	Texas	1845
29.	Iowa	1846
30.	Wisconsin	1848
31.	California	1850
32.	Minnesota	1858
33.	Oregon	1859
34.	Kansas	1861
35.	West Virginia	1863
36.	Nevada	1864
37.	Nebraska	1867
38.	Colorado	1876
39.	North Dakota	1889
40.	South Dakota	1889
41.	Montana	1889
42.	Washington	1889
43.	Idaho	1890
44.	Wyoming	1890
45.	Utah	1896
46.	Oklahoma	1907
47.	New Mexico	1912
48.	Arizona	1912
49.	Alaska	1959
50.	Hawaii	1959

Die Präsidenten der Vereinigten Staaten
(Mit Amtszeit und Parteizugehörigkeit)

1.	George Washington	1789 – 1797	
2.	John Adams	1797 – 1801	Föderalist
3.	Thomas Jefferson	1801 – 1809	Republikaner
4.	James Madison	1809 – 1817	Republikaner
5.	James Monroe	1817 – 1825	Republikaner
6.	John Quincy Adams	1825 – 1829	Nationaler Republikaner
7.	Andrew Jackson	1829 – 1837	Demokrat
8.	Martin Van Buren	1837 – 1841	Demokrat
9.	William Harrison	1841	Whig
10.	John Tyler	1841 – 1845	Whig
11.	James Polk	1845 – 1849	Demokrat
12.	Zachary Taylor	1849 – 1850	Whig
13.	Millard Fillmore	1850 – 1853	Whig
14.	Franklin Pierce	1853 – 1857	Demokrat
15.	James Buchanan	1857 – 1861	Demokrat
16.	Abraham Lincoln	1861 – 1865	Republikaner
17.	Andrew Johnson	1865.– 1869	Republikaner
18.	Ulysses Grant	1869 – 1877	Republikaner
19.	Rutherford Hayes	1877 – 1881	Republikaner
20.	James Garfield	1881	Republikaner
21.	Chester Arthur	1881 – 1885	Republikaner
22.	Grover Cleveland	1885 – 1889	Demokrat
23.	Benjamin Harrison	1889 – 1893	Republikaner
24.	Grover Cleveland	1893 – 1897	Demokrat
25.	William McKinley	1897 – 1901	Republikaner
26.	Theodore Roosevelt	1901 – 1909	Republikaner
27.	William Taft	1909 – 1913	Republikaner
28.	Woodrow Wilson	1913 – 1921	Demokrat
29.	Warren Harding	1921 – 1923	Republikaner
30.	Calvin Coolidge	1923 – 1929	Republikaner
31.	Herbert Hoover	1929 – 1933	Republikaner
32.	Franklin Roosevelt	1933 – 1945	Demokrat
33.	Harry Truman	1945 – 1953	Demokrat
34.	Dwight Eisenhower	1953 – 1961	Republikaner
35.	John Kennedy	1961 – 1963	Demokrat
36.	Lyndon Johnson	1963 – 1969	Demokrat
37.	Richard Nixon	1969 – 1974	Republikaner
38.	Gerald Ford	1974 – 1977	Republikaner
39.	Jimmy Carter	1977 – 1981	Demokrat
40.	Ronald Reagan	1981 – 1989	Republikaner
41.	George Bush	1989 – 1993	Republikaner
42.	Bill Clinton	1993 –	Demokrat

Tabellen

Stadt- und Landbevölkerung 1790-1980 (in Tausend)

Jahr	Stadt-bevölkerung	Land-bevölkerung	Jahr	Stadt-bevölkerung	Land-bevölkerung
1790	202	3728	1900	30160	45835
1800	322	4986	1910	41999	49973
1810	525	6714	1920	54158	51553
1820	693	8945	1930	68955	53820
1830	1127	11739	1940	74424	57246
1840	1845	15224	1950	96468	54230
1850	3544	19648	1960	125269	54054
1860	6217	25227	1970	149325	53887
1870	9902	28656	1980	167051	59495
1880	14130	36026	1990	192726	55984
1890	22106	40841			

Bevölkerung 1790–1990

Jahr	Gesamt-zahl in Tsd.	im Ausland geboren in %	Weiße in Tsd.	Schwarze in Tsd.	Andere in Tsd.	Landfläche in Quadrat-meilen	Ein-wohner je Quadrat-meile	Anteil der Stadt-bevöl-kerung in %
1790	3929	12,8	3172	757	–	864746	4,5	5,1
1800	5308	11,3	4306	1002	–	864746	6,1	6,1
1810	7239	11,1	5861	1378	–	1681828	4,3	7,3
1820	9638	10,4	7866	1771	–	1749462	5,5	7,2
1830	12866	9,3	10537	2328	–	1749462	7,4	8,8
1840	17069	8,2	14196	2874	–	1749462	9,8	10,8
1850	23192	9,7	19553	3639	–	2940042	7,9	15,3
1860	31443	13,0	26922	4442	79	2969640	10,6	19,8
1870	39818	13,9	33589	4879	89	2969640	13,4	25,7
1880	50156	13,3	43403	6581	172	2969640	16,9	28,2
1890	62948	14,6	55101	7489	358	2969640	21,2	35,1
1900	75995	13,6	66809	8834	351	2969834	25,6	39,7
1910	91972	14,6	81732	9828	412	2969565	31,0	45,7
1920	105711	13,2	94821	10463	426	2969451	35,6	51,2
1930	122775	11,5	110287	11891	597	2977128	41,2	56,2
1940	131669	8,8	118215	12865	589	2977128	44,2	56,5
1950	150697	6,9	134943	15043	713	2974726	50,7	64,0
1960	179323	5,4	158832	18871	1620	3540911	50,6	69,9
1970	203235	4,7	177749	22580	2883	3536855	57,5	73,5
1980	226546	6,2	188372	26495	11679	3539289	64,0	76,2
1990	248710	8,4	199686	29986	19038	3536342	70,3	77,5

Beschäftigung 1950–1991 (Mio. Personen)

Jahr	Arbeits-fähige	Erwerbs-tätige	Arbeits-lose	Arbeits-lose
1950	62,2	58,9	3,3	5,0
1960	69,7	65,8	3,9	5,5
1970	82,8	78,7	4,1	4,9
1975	93,7	85,8	7,9	8,5
1980	106,9	99,3	7,6	7,1
1981	108,7	100,4	8,3	7,6
1982	110,2	99,5	10,7	9,7
1983	111,5	100,8	10,7	9,6
1984	113,5	105,0	8,5	7,5
1985	115,5	107,2	8,3	7,2
1986	117,8	109,6	8,2	7,0
1987	119,8	112,4	7,4	6,2
1988	121,7	115,0	6,7	5,5
1989	123,8	117,3	6,5	5,3
1990	124,8	117,9	6,9	5,5
1991	125,1	116,7	8,4	6,7

Preisindex der Lebenshaltungskosten 1970–1991
(1982–1984 = 100)

1970	38,8	1988	118,3
1975	53,8	1989	124,0
1980	82,4	1990	130,7
1985	107,6	1991	136,2

Bruttosozialprodukt 1950–1991 (in Mio. US-$)

1950	286,2	1980	2732,0
1960	515,3	1990	5524,5
1970	1015,5	1991	5685,8

Entwicklung des Staatshaushalts 1945–1990 (in Mio. US-$)

Jahr	Einnahmen	Ausgaben	Defizit/Überschuß
1945	45 159	92 712	–47 553
1950	39 443	42 562	–3 119
1955	65 451	68 444	–2 993
1960	92 492	92 191	+ 301
1965	116 817	118 228	–1 411
1970	192 807	195 649	–2 842
1975	279 090	332 332	–53 242
1980[1]	517 112	590 920	–73 808
1985	734 057	946 316	–212 259
1990	1 031 308	1 251 776	–220 468

[1] Seit 1977 dauert das Haushaltsjahr vom 1.10.–30.9. (bisher 1.7.–30.6.)

Außenhandelsbilanz 1950–1991 (in Mio. US-$)

Jahr	Exporte	Importe	Bilanz
1950	9,997	8,954	+1,043
1955	14,298	11,566	+2,732
1960	19,695	15,073	+4,586
1965	26,742	21,520	+5,222
1970	42,681	40,356	+2,325
1975	107,652	98,503	+9,149
1980	220,626	244,871	–24,245
1985	213,133	345,276	–132,143
1990	394,030	495,042	–101,012
1991	421,730	487,129	–65,399

Weiterführende Literatur

A. Darstellungen

Adams, Willi Paul: Republikanische Verfassung und bürgerliche Freiheit. Die Verfassungen und politischen Ideen der amerikanischen Revolution, Darmstadt/Neuwied (Luchterhand) 1973.

Adams, Willi Paul, Ernst-Otto Czempiel, Berndt Ostendorf, Kurt L. Shell, B. Bernd Spahn, Michael Zöller (Hg.): Länderbericht USA: I. Geschichte, Politische Kultur, Politisches System, Wirtschaft, II. Gesellschaft, Außenpolitik, Kultur-Religion-Erziehung, Bonn (Bundeszentrale für Politische Bildung) 1990.

Angermann, Erich: Die Vereinigten Staaten von Amerika seit 1917, München (dtv TB 4007) 1966, 6., durchges. u. stark erw. Aufl. 1978.

Bretting, Agnes: Soziale Probleme deutscher Einwanderer in New York City 1800–1860, Wiesbaden (Steiner) 1981.

Brownawell, Eva Maria: Die Amerikaner und ihr Krieg. Analyse der Jahrhundertfeier des Civil War in den Vereinigten Staaten von Amerika 1961–1965, Stuttgart (Metzler) 1978.

Czempiel, Ernst-Otto: Das amerikanische Sicherheitssystem 1945 bis 1949. Studie zur Außenpolitik der bürgerlichen Gesellschaft, Berlin (de Gruyter) 1966.

Dippel, Horst: Deutschland und die amerikanische Revolution. Sozialgeschichtliche Untersuchung zum politischen Bewußtsein im ausgehenden 18. Jahrhundert. Köln, Diss. Phil., 1972, gedr. u.d.T.: Germany and the American Revolution 1770–1800. A Sociohistorical Investigation of Late 18th Century Political Thinking, Wiesbaden (Steiner) 1978.

Doerries, Reinhard R.: Iren und Deutsche in der Neuen Welt. Akkulturationsprozesse in der amerikanischen Gesellschaft im späten 19. Jahrhundert, Stuttgart (Steiner) 1986.

Finzsch, Norbert: Die Goldgräber Kaliforniens. Arbeitsbedingungen, Lebensstandard und politisches System um die Mitte des 19. Jahrhunderts, Göttingen (Vandenhoeck & Ruprecht) 1982.

Frings, Marie-Luise: Henry Clays American System und die sektionale Kontroverse in den Vereinigten Staaten von Amerika 1815–1829, Bern/Frankfurt a. M. (Lang) 1979.

Gerhardt, Gunther: Das Krisenmanagement der Vereinigten Staaten während der Berliner Blockade (1948/49). Intention, Strategien und Wirkungen, Berlin (Duncker & Humblot) 1983.

Glaser-Schmidt, Elisabeth: „Die Philippinen den Filipinos!" Die amerikanische Debatte über die Wirtschafts- und Verwaltungspolitik auf den Philippinen, 1898–1906, Bern/Frankfurt a. M. (Lang) 1986.

Grabbe, Hans-Jürgen: Unionsparteien, Sozialdemokratie und Vereinigte Staaten von Amerika 1945–1966, Düsseldorf (Droste) 1983.

Guggisberg, Hans R.: Geschichte der USA. 2 Bde., Stuttgart (Kohlhammer: Urban TB 209, 210) 1975.

Heideking, Jürgen: Die Verfassung vor dem Richterstuhl. Vorgeschichte und Ratifizierung der amerikanischen Verfassung 1787–1791, Berlin (de Gruyter) 1988.

Helbich, Wolfgang J.: Franklin D. Roosevelt, Berlin (Colloquium Verlag) 1971.

Helbich, Wolfgang, Walter D. Kamphoefner und Ulrike Sommer: Briefe aus Amerika. Deutsche Auswanderer schreiben aus der Neuen Welt, München (Beck) 1988.

Holtfrerich, Carl-Ludwig: Wirtschaft USA. Strukturen, Institutionen, Prozesse, München (Oldenbourg) 1991.

Jäger, Hans: Geschichte der amerikanischen Wirtschaft im 20. Jahrhundert, Wiesbaden (Steiner) 1973.

Junker, Detlef: Der unteilbare Weltmarkt. Das ökonomische Interesse in der Außenpolitik der USA 1933–1941, Stuttgart (Klett) 1975.

Just, Michael: Ost- und südosteuropäische Amerikawanderung 1881 bis 1914. Transitprobleme in Deutschland und Aufnahme in den Vereinigten Staaten, Stuttgart (Steiner) 1988.

Just, Michael, Agnes Bretting und Hartmut Bickelmann: Auswanderung und Schiffahrtsinteressen – „Little Germanies" in New York – Deutschamerikanische Gesellschaften, Stuttgart (Steiner) 1992.

Keil, Hartmut: Deutsche Arbeiterkultur in Chicago von 1850 bis zum Ersten Weltkrieg. Eine Anthologie, Ostfildern (Scripta Mercaturae) 1984.

Kleinsteuber, Hans J.: Die USA. Politik, Wirtschaft, Gesellschaft. Eine Einführung, Hamburg (Hoffmann und Campe) 1974, 2. vollst. überarb. Neuausg. 1984.

Knapp, Manfred (Hrsg.): Die deutsch-amerikanischen Beziehungen nach 1945, Frankfurt a. M. (Campus) 1975.

Krakau, Knud: Missionsbewußtsein und Völkerrechtsdoktrin in den Vereinigten Staaten von Amerika, Frankfurt a. M. (Alfred Metzner) 1967.

Krüger-Charlé, Michael: Modernisierung und Sklaverei. Die Industrialisierungsdebatte im Alten Süden der USA 1840–1860, München (Fink) 1988.

Landauer, Carl: Sozial- und Wirtschaftsgeschichte der Vereinigten Staaten von Amerika, Stuttgart (Metzler) 1981.

Lindig, Wolfgang: Die Kulturen der Eskimo und Indianer Nordamerikas (Handbuch der Kulturgeschichte, Abt. 2: Kulturen der Völker, Bd. 18), Frankfurt a. M. (Athenaion) 1972.

Lindig, Wolfgang und Münzel, Mark: Die Indianer. Kulturen und Geschichte der Indianer Nord-, Mittel- und Südamerikas, München (Fink) 1976; (dtv TB Bd. 4317) ^{3}1985.

Moltmann, Günter: Atlantische Blockpolitik im 19. Jahrhundert. Die Vereinigten Staaten und der deutsche Liberalismus während der Revolution von 1848/49, Düsseldorf (Droste) 1973.

Nagler, Jörg: Fremont contra Lincoln. Die deutsch-amerikanische Opposition in der Republikanischen Partei während des amerikanischen Bürgerkrieges, Bern (Lang) 1984.

Raeithel, Gert: Geschichte der amerikanischen Kultur, 3 Bde., Weinheim (Quadriga) 1987–1989.

Reichstein, Andreas: Der texanische Unabhängigkeitskrieg 1835/36. Ursachen und Wirkungen, Berlin (Dietrich Reimer) 1984.

Sautter, Udo: Geschichte der Vereinigten Staaten von Amerika, Stuttgart (Kröners Taschenausg., Bd. 443) 1976; 2. erw. Aufl. 1980.

Schöberl, Ingrid: Amerikanische Einwanderungswerbung in Deutschland 1845–1914, Stuttgart (Steiner) 1990.

Schröder, Hans-Christoph: Die Amerikanische Revolution. Eine Einführung, München (Beck) 1982.

Schröder, Hans-Jürgen: Deutschland und die Vereinigten Staaten 1933–1939. Wirtschaft und Politik in der Entwicklung des deutsch-amerikanischen Gegensatzes, Wiesbaden (Steiner) 1970.

Schwabe, Klaus: Deutsche Revolution und Wilson-Frieden. Die amerikanische und deutsche Friedensstrategie zwischen Ideologie und Machtpolitik 1918/1919, Düsseldorf (Droste) 1971.

v. Senger und Etterlin, Stefan: Neu-Deutschland in Nordamerika. Massenauswanderung, nationale Gruppenansiedlung und liberale Kolonialbewegung, 1815–1860, Baden-Baden (Nomos) 1991.

Shell, Kurt L.: Das politische System der USA, Stuttgart (Kohlhammer) 1975.

Silberschmidt, Max: Amerikas industrielle Entwicklung von der Zeit der Pioniere zur Ära von Big Business, Bern (Francke) 1958.

Wala, Michael: Winning the Peace. Amerikanische Außenpolitik und der Council on Foreign Relations, 1945–1950, Stuttgart (Steiner) 1990.
Wehler, Hans-Ulrich: Der Aufstieg des amerikanischen Imperialismus. Studien zur Entwicklung des Imperium Americanum 1865 bis 1900, Göttingen (Vandenhoeck & Ruprecht) 1974.
Wellenreuther, Hermann: Glaube und Politik in Pennsylvania 1681–1776. Die Wandlungen der Obrigkeitsdoktrin und des Peace Testimony der Quäker, Köln/Wien (Böhlau) 1972.
Wersich, Rüdiger Bernd: Zeitgenössischer Rechtsextremismus in den Vereinigten Staaten. Organisation, Ideologie, Methoden und Einfluß, München (Minerva Publ.) 1978.

B. Memoiren

Bernstorff, Johann-Heinrich: Deutschland und Amerika. Erinnerungen aus dem fünfjährigen Kriege, Berlin (Ullstein) 1920.
Eisenhower, Dwight D.: Die Jahre im Weißen Haus. 1953–1956, Düsseldorf/Wien (Econ) 1964.
Ders.: Wagnis für den Frieden. 1956–1961 , Düsseldorf/Wien (Econ) 1966.
Grewe, Wilhelm: Rückblenden 1976–1951, Frankfurt a. M. (Propyläen) 1979.
Hoover, Herbert: Memoiren. 3 Bde., Mainz (Matthias Grünewald) o. J. (1953–1954).
Johnson, Lyndon B.: Meine Jahre im Weißen Haus, München (Edition Präger) 1972.
Kennan, George F.: Memoiren eines Diplomaten, Stuttgart (Goverts) 1968.
Ders., Memoiren 1950–1963, Frankfurt a. M. (Goverts Krüger Stahlberg) 1973.
Kissinger, Henry A.: Memoiren, 1968–1973, München (Bertelsmann) 1979; (Goldmann TB Bde. 11327–11329) 1981.
Nixon, Richard: Memoiren, Berlin (Ullstein) 1981.
von Prittwitz und Gaffron, Friedrich: Zwischen Petersburg und Washington. Ein Diplomatenleben, München (Olzog) 1952.
Reagan, Ronald: Erinnerungen. Ein amerikanisches Leben, Berlin (Propyläen) 1990.

Schlesinger, Arthur M.: Die tausend Tage Kennedys, Bern (Scherz) 1966.
Sorensen, Theodore C.: Kennedy, München (Piper) 1966.
Truman, Harry S.: Memoiren. 2 Bde., Stuttgart (Scherz und Goverts) 1955/1956.

Namen- und Sachregister

Abkürzungen:

Außenmin.	Außenminister
Fl.	Fluß
Frd	Friede
Gen	General
Gouv.	Gouverneur
Hzg	Herzog
Hist.	Historiker
Kg.	König
Kgn.	Königin
Konf.	Konferenz
Min.Präs.	Ministerpräsident
Präs.	Präsident
Prem.Min.	Premierminister
Schl.	Schlacht
Sen.	Senator
St.	Staat
Vertr.	Vertrag
[A]	Abbildung
[G]	Graphik
[K]	Karte
[T]	Tabelle

A

H

L

M

N

O

P

Q

R

S

X

Y

Z

Quellennachweis

Folgende *Abbildungen* wurden freundlicherweise zur Verfügung gestellt von:

dpa, Stuttgart: Abb. 24, 26, 27, 28, 29; Archiv Gerstenberg, Wietze: Abb. 5, 15; Herder Verlag, Freiburg: Abb. 1, 2, 8, 10, 22; Keystone, Hamburg: Abb. 13, 21; Bildarchiv Preußischer Kulturbesitz, Berlin: Abb. 3, 11; Carl Schurz-Haus, Freiburg: Abb. 4, 6, 7, 9, 23, 25; Süddeutscher Verlag, München: Abb. 12, 14, 17, 16, 18, 19; Ullstein Bilderdienst, Berlin: Abb. 20.

Folgende *Karten* sind entnommen aus:

S. 74: Raum und Bevölkerung in der Weltgeschichte. Bevölkerungs-PLOETZ. Bd. 1 bearb. von Ernst Kirsten, Ernst Wolfgang Buchholz und Wolfgang Köllmann. Hg. vom PLOETZ-Verlag. Würzburg (Ploetz) ^{3}1965, S. 120, Nr. 144; S. 75, 83, 89: Richard B. Morris (Hg.), Encyclopedia of American History, enlarged and updated. New York (Harper & Row) 1970; S. 127: Ereignisse seit 1945. Eine Zeittafel, bearb. von Willy Böge, Günter Moltmann und Walter Tormin. 6. erw. Auflage, Braunschweig (Westermann) 1968, S. 44.

Die Autoren:

Wolfgang Lindig (* 1925), Professor (em.) für Ethnologie an der Universität Frankfurt.

Günter Moltmann (* 1926), Professor (em.) für Überseegeschichte an der Universität Hamburg.